JN409532

도시
주택
산책

도시
주택
산책

내가 살고 싶은 도심 속 집 이야기

정수윤 지음

중앙books

프롤로그

꿈이 시작되는 장소

이문세의 〈집으로〉라는 노래를 참 좋아합니다. 노래 구절 중에 이런 가사가 있어요. "벌써 옛날이죠. 붉은 장미와 좁은 골목길, 난 아직 어렸죠. 노란 가로등이 켜진 밤이면 가슴 설레죠. (중략)"

이 노래는 청춘의 풋풋한 사랑을 얘기하고 있는데, 저는 그 가사에서 붉은 장미와 좁은 골목길, 노란 가로등이라는 표현이 유난히 마음에 와닿습니다. 최소한의 몇 단어만 조합했는데도, 집으로 가는 골목길의 정겨운 풍경이 그려지거든요. 노란 가로등이 지키고 서 있는 창문 너머로는 엄마가 차린 따뜻한 저녁 밥상과 환한 웃음소리가 기다리고 있을 것 같고요.

언제부터인지 모르겠지만 저는 주택에 대한 동경이 생겼습니다. 기억나지 않는 꼬꼬마 어린 시절부터 아파트에 살았고, 독립해서는 빌라로 이사했고, 단 한 번도 주택에 살아본 적이 없는데도요. 천장을 가로지른 목재 보가 예뻤던 복층 빌라는 곰팡이를 감내하게 했고, 여름에는 무척 덥고 겨울에는 패딩을 입고 살아야 할 정도로 추운 극적인 체험을 선물해줬습니다. 그럼에도 불구하고 재미있었어요. 공원 앞 빌라로 이사했을 때는 계절의 변화를 창문 너머로 지켜볼 수 있어서 매일이 새롭고 설레었습니다. 반지하 위층 102호에 살았는데, 주말 아침이면 산책하는 개들이 짖는 소리와 도란도란 서로의 안부를 묻는 사람들의 이야기 소리가 들려오곤 했어요. 버스정류장에서 내려 공원 앞 빌라로 가는 골목길에는 붉은 장미는 없었지만 바람에 흩날리는 봄날의 벚꽃이 있어서 마치 주택에 사는 듯한 기분을 충족시켜주었습니다. 그럴 때마다 주택살이에 대한 욕망이 더 커졌어요.

이 책은 그렇게 시작했습니다. 아직 이루지 못한 주택살이에 대한 제 로망을 대리 충족하기 위해서입니다. 저는 여기 소개한 일곱 채의 주택을 통해 오랜 꿈을 구체화하는 방법을 조금씩 알아가고 있습니다. 더불어 포기하지 않고 꿈꿀 수 있는 용기도 얻었습니다. 이 주택들이야말로 한 걸음 한 걸음 느리지만 확실하게 꿈을 향해 나아간 결과이기 때문입니다. 저처럼 주택살이를 꿈꾸는 사람들에게 도움이 될 거라고 생각해요.

저는 집 구경을 좋아합니다. 기억하기로는 학창시절부터 패션 잡지보다 인테리어 잡지를 더 즐겨 보곤 했어요. 〈메종 마리끌레르〉 잡지사에 입사하게 된 것도 그 때문입니다. 이상하게도 남의 집 구경하는 걸 좋아하던 주거학과 학생이 결국 정당한(?) 방식을 찾은 셈이지요. 〈메종 마리끌레르〉는 학창시절 제 꿈의 직장이기도 했습니다. 하지만 지금 생각해보면 잡지사는 꿈이 시작된 출발선일 뿐 저를 끊임없이 꿈꾸게 해준 건 그동안 취재했던 수많은 집들입니다. 18평 작은 아파트부터 100평 주택에 이르기까지 집주인의 각기 다른 꿈이 담긴 이야기를 만나면서 낮과 밤, 사계절의 변화에 따라 집이 달라지는 모습을 상상하는 일은 흥미로운 소설의 한 챕터를 읽는 것처럼 무척 즐거웠습니다.

제가 집 구경만큼이나 좋아하는 것이 바로 동네 구경입니다. 특별한 일이 없어도 낯선 동네에 주택 탐방을 가곤 해요. 그렇게 해서 좋아하는 동네가 몇 군데 생겼습니다. 몇 해 전 여름, 친구와 함께 구기동으로 주택 탐방을 떠났습니다. 지인의 집이 있는 것도, 한 번쯤 가보고 싶은 맛집이 있는 것도 아니었는데 건축가의 홈페이지에서 본 흥미로운 주택을 멀리서라도 구경하고 싶은 마음에 무작정 향했죠. 북한산이 손에 잡힐 듯 가까이에 있었습니다. 산이 주는 고요한 아우라가 있었고 공기는 여름인데도 청량하게 맑았습니다. 우리는 신비한 동네 분위기에 압도당해 소곤거리며 대화를 나눴어요. 대화의 처음과 끝은 "이 동네에 살면…" "저 주택에 살면…" 이었습니다.

주택에서의 생활은 일상을 다채롭게 만들어줍니다. 이 책의 목적은 주택에서의 소박하지만 행복한 삶에 대해 여러 사람들과 공감하는 것입니다. 책의 마지막 장을 덮고 나서는 저처럼 주택살이를 꿈꾸는 사람들이 늘어나고 동네 골목길에 한 집 한 집, 작지만 예쁜 집이 생겨나기를, 그래서 서울의 골목길이 다시 정겨워지기를 바라봅니다.

끝으로 감사를 전합니다. 사적인 공간을 흔쾌히 공개해주었을 뿐만 아니라 책으로 만들어지기까지 오랜 시간을 기다린 건축주들과 취재를 도와준 건축가들, 언제나 믿음직한 사진가와 두 명의 능력 있는 편집자들까지 모두 고맙습니다. 이 책에 소개된 집이 저를 설레게 한 것처럼 여러분의 마음도 조금은 움직이기를 바랍니다. 앞으로 몇 년 뒤가 될지 모르지만 미래의 내 집에 대한 응원을 보태며!

2018년, 봄의 시작에

CONTENTS

도시주택 짓기

밥을 짓다.
옷을 짓다.
집을 짓다.

'짓다' 라는 동사에는
'단순히 만드는 것'을 넘어서
마음과 정성을 다한다는
의미가 담겨 있습니다.
특히 집을 짓는 과정은
보통 일이 아니기에
사전 준비가 필요합니다.
즐거운 집 짓기가 되도록
미리 알아두면 좋을
단계별 정보를 소개합니다.

어떤 '주택'살이의 시작

주택을 대지의 위치에 따라 세 가지 유형으로 분류해 보겠습니다. 첫 번째는 이 책에서 꾸준히 이야기할 도시주택입니다. 도시 내 편의 생활과 여가 및 취미 활동을 그대로 누릴 수 있는 반면, 지가가 비싸고 골목 주차 등의 불편이 발생합니다. 두 번째는 양평이나 가평 등 자연에 가까운 지역에 짓는 전원주택입니다. 눈부신 자연의 사계절을 만끽할 수 있지만, 회사나 학교와 거리가 멀어 교통이 불편하고 문화적으로 고립될 수 있겠지요. 세 번째 유형은 판교, 위례 등의 신도시에 조성한 단독주택필지에 지어지는 이른바 신도시 주택입니다. 서울로 접근성이 좋으면서 각종 인프라를 누릴 수 있고, 인구밀도가 상대적으로 낮아 여유로운 삶이 가능합니다. 그러나 지구단위계획구역 내의 단독주택필지는 지가가 높은 편입니다. 주택살이를 계획한다면 위의 세 가지 유형 중에서 하나를 먼저 고르세요.

타박타박 산책하듯, 동네 탐방

주택의 유형을 정한 다음에는 동네를 알아보게 됩니다. 두세 군데의 동네를 정해서 주택 가격을 알아보고 동네 분위기를 파악하는 것이 중요합니다. 동네를 모르겠다면 회사나 학교처럼 익숙한 장소 근처부터 시작하세요. 저는 네이버부동산으로 단독주택이나 다가구주택의 지가를 확인한 뒤 카카오지도의 로드뷰로 동네 구석구석의 길을 가봅니다. 다음 할 일은 직접 보는 것입니다. 한가한 주말, 커피 한잔을 들고 드라이브 삼아 가보는 거죠. 지나가는 길에 동네 부동산에 들르거나 혹은 전화를 걸어 매물이 나올 때마다 연락 받을 수 있게 조치를 취하면 동네 탐방 완료. 그 일대로 범위를 넓혀가며 찾다 보면, 어느 날 갑자기 '적당한 집'이 나타날 거예요(마음에 쏙 드는 집은 비싸기 마련이니 적당한 집을 찾아야 해요).

성산동 주택

무엇을 원하는지 정확히 모르겠다고요? 그렇다면 성산동 주택에 사는 이철환·박의경 부부의 이야기가 도움이 될 거예요. 아파트를 떠나 주택으로 이사하고 싶었지만, 활동 반경이나 생활 패턴이 바뀌는 것은 원치 않았던 그들의 선택은 바로 '도시주택'이었습니다.

꼼꼼하게, 가용 예산 체크

동네를 탐방하면서 얻은 정보를 바탕으로 예산을 수립합니다. 이때 필요 예산과 가용 예산을 짜보는 것이 좋습니다. 필요 예산은 대지구입비, 설계 및 감리비, 공사비, 이사비 및 각종 세금 등 총 네 가지 항목으로 나눌 수 있어요. 대개 큰 비중을 차지하는 대지구입비와 공사비만 염두에 두는 경우가 많은데, 설계 및 감리비 항목과 각종 인허가 시 필요한 비용을 체크해두어야 마지막 단계에서 예산에 쪼들리는 상황을 피해갈 수 있습니다. 또한 전세보증금을 주택 짓기에 보태는 경우는 공사비 잔금 지불 일정을 감안해 입주 전까지 레지던스에서 지낼 월세와 이삿짐 보관에 발생하는 비용도 마련해두어야 합니다.

건축가와의 떨리는 미팅

건축가는 집을 짓기로 마음먹은 순간부터 알아봐도 무방합니다. 종종 건축가를 어렵게 생각하는 경우를 보는데요. 과연 작은 집 설계를 맡아줄지 반신반의하는 사람도 있지만 답은 'YES!'입니다. 요즘은 주택 위주로 설계하는 젊은 건축가가 많아졌습니다. 건축가의 포트폴리오를 확인한 뒤 건축가와 미팅 일정을 잡으세요. 설계 진행 과정이나 설계비, 예산 등의 전반적인 내용을 확인하는 중요한 미팅이 될 것입니다. 건축가에게 설계를 의뢰하는 것은 가족의 민낯을 그대로 드러내고 건축가가 가족의 삶에 깊숙이 개입하는 것을 의미하므로 성향이 잘 맞는 건축가를 찾는 이 과정이 중요합니다(*건축가를 찾는 방법은 p56에서 소개합니다).

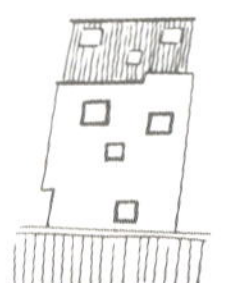

연희동 주택

예산이 부족할 때는 다가구주택으로 지어 세를 주는 방법도 고려해보세요. 이때 가족이나 지인과 함께라면 더 재밌게 지낼 수 있을 거예요. 남매 부부가 각자의 전세보증금을 털어 지은 연희동의 땅콩주택이 좋은 사례가 될 것입니다.

두근두근, 드디어 땅 구입

설계를 의뢰할 건축가는 땅 또는 주택을 구입하기 이전에 선정하는 것이 좋은데요. 부동산에서 건폐율이나 용적률, 층수 제한 등의 정보를 제한적으로 확인할 수 있으므로 건축가를 미리 정해두면 예산 내에서 적당한 대지, 또는 주택이 나타났을 때 건축가에게 기본적인 대장 정보와 법규 검토를 의뢰할 수 있고 집 짓기의 방향까지 의논할 수 있어요. 이를테면 집을 증축하면서 1층을 상가로 용도 변경할 수 있을지 혹은 다가구 주택으로 설계할지 등 구입 단계부터 더 체계적으로 접근할 수 있습니다(*건축가를 선정하지 못했을 때 각종 정보를 열람할 수 있는 사이트는 p178에서 참고하세요).

온갖 풍랑을 헤쳐줄 건축가 계약

대지와 건축물을 구입했다면, 이제 본격적인 집 짓기의 시작입니다. 건축가와의 설계 계약을 진행할 단계이기도 합니다. 국토교통부에서 다운로드받을 수 있는 '건축물의 설계 표준계약서'를 바탕으로 업무 범위, 비용 지불 시기 및 조건, 기간 등에 대한 내용을 명시한 계약서를 만들어두세요. 집 짓기 과정에서 건축가와 건축주는 몇 번의 미팅을 거쳐 서로의 생각을 공유하고 설계안을 제안, 조정하게 됩니다. 이때 건축가가 어떤 단계에서 스케치나 투시도, 모형 등의 방법으로 설계안을 보여줄지 미리 논의한 다음 계약서에 언급해두는 것도 좋겠습니다.

수유동 주택

수유동의 주택처럼 신축과 개축 어떤 경우에 면적을 더 넓게 쓸 수 있어 경제적으로 유리한지 알아보는 것이나, 지자체의 건축조례를 확인하는 것도 건축가를 통해서 가능합니다.

이화동 주택

설계를 꼭 건축가에게 맡겨야 할지 고민하는 분도 있을 텐데, 이화동 주택의 김수연 씨는 이미 한 번의 경험을 통해 건축가가 얼마나 중요한지를 알게 되었다고 합니다. 풍랑을 만난 배의 선장처럼 건축가의 중요성은 여러 번 강조해도 지나치지 않아요!

분쟁의 소지를 없애는 측량

본격적인 설계에 들어가기 앞서 해야 할 일이 바로 측량입니다. 대개는 건축물을 신축, 증축, 개축하거나 인접한 토지와의 경계를 확인하고 싶을 때 경계복원측량을 하게 되는데, 한국국토정보공사(구 지적공사)에서 제공하는 지적측량바로처리센터(baro.lx.or.kr) 홈페이지에서 신청할 수 있어요. 경계복원측량은 등록된 토지의 경계점을 지상의 꺾이는 모서리마다 말뚝을 박아 내 땅의 경계를 알려주는 것입니다. 분쟁의 소지가 많기 때문에 땅주인은 물론, 인접한 대지 소유주와 건축가, 시공사가 같이 있는 자리에서 진행하는 것이 좋습니다. 홈페이지에서 경계복원측량 시 발생하는 수수료도 확인할 수 있어요.

깐깐하게, 시공 및 감리

좋은 건축가를 만나는 것만큼 어려운 문제가 시공사 선정이라고 하겠습니다. 보통 공사 견적을 받아 더 저렴한 업체를 선정하기 마련인데, 시공사가 건축가의 설계 도면을 잘 이해하고 있는지도 체크해야 합니다. 공사를 담당하는 인부들이 건축가의 의도를 이해하지 못해 자재를 잘못 사용하거나 자신이 알고 있는 공사 방식대로 진행하면 문제가 생기기 마련이죠. 건축가가 추천하는 시공사를 포함해 두세 군데의 업체에서 견적을 받되, 기초공사, 콘크리트공사, 방수공사, 전기공사처럼 공사의 종류별로 구분해 자재의 수량과 단가가 기재된 견적서를 제출한 업체를 선정하는 편이 더 명확합니다. 또한 건축가에게 감리도 맡기세요. 설계비와 별도로 감리비가 들지만, 설계 및 시공 감리를 할 수 있는 적임자입니다.

막상 측량해보면 지적도에 표시된 경계선과 실제가 달라 낭패를 보는 경우가 있습니다. 정릉동 주택이 바로 그런 경우로 옆집이 땅 일부를 침해하고 있다는 사실을 알 수 있었지요. 오래전에 지은 주택을 매입했다면, 지적도만 믿어서는 더더욱 안 됩니다.

단독주택에는 철근콘크리트구조와 목구조가 주로 사용됩니다. 화곡동 주택은 단열에 유리한 목구조를 선택했는데, 뜻밖에도 공사비 절감에 도움이 되었다고 해요. 차량 진입이 어려운 골목길 안에 집을 지을 때, 참고하세요.

산 넘어 산, 인허가

공사는 끝났지만 집 짓기는 끝이 아닙니다. 바로 까다로운 인허가 문제가 남았기 때문이죠. 건축 허가 대상의 주택이 있고, 신고 대상의 주택이 있는데 그 기준은 면적에 따라 달라집니다. 도시지역(지구단위계획구역 포함)의 경우 100㎡ 미만의 주거용 건축물은 신고 대상으로 허가 담당 공무원이 일련의 과정을 체크하게 됩니다. 건축 허가 대상의 주택은 관내 건축사가 담당해 난간 높이, 주차장 설치, 도면과 다른 창문 설치, 다락 설치의 적법성을 까다롭게 살피게 됩니다. 그 뒤 사용 승인이 완료되면 법무사 사무소에 의뢰해 건축물대장을 만들어 등기부등본에 등재하고 취득세, 등록세 등의 세금을 납부하면 끝.

브라보! 주택 라이프

그럴 일이 없으면 좋겠지만 이사 뒤에는 시공 불량으로 인해 생긴 하자나 생활 하자 등을 보수하는 기간을 거치게 됩니다. 건축가와 해당 상황을 공유하고 발생 빈도수와 중요도에 따라 시공사와 함께 조치 방법을 찾으면 이제 꿈에 그리던 주택 생활을 누릴 시간입니다. 정원이 있다면 나무와 꽃을 심으며 작은 텃밭도 일구고, 즐겁게 가구를 배치하고, 아이들을 마음껏 뛰게 할 수 있습니다. 브라보! 주택 라이프.

주택을 개축해 사무실로 활용하는 경우도 있어요. 월세를 줄이고 내 집 마련에 투자할 수 있는 기회가 되기도 합니다. 집과 두 개의 사무실, 쇼룸을 하나의 지붕 아래 꾸린 한남동 이야기를 만나보세요.

도시주택 in SEOUL

도시에 사는 많은 사람들에게 매 순간 공기처럼 존재하고 있으며 그들의 이야기가 기록되는 삶의 배경은 참 애틋하고 각별합니다. 우리들의 이야기는 거주하는 지역에 따라, 주변 환경에 따라 조금씩 다른 모습으로 기록됩니다. 서울이라는 복잡한 대도시 안에서는 좀 더 다채로운 삶의 조각조각을 만날 수 있다는 점이 다르겠지요. 그래서 《도시주택산책》에서 의도적으로 다른 동네에 사는 사람들을 만났습니다. 서울과 도시주택이라는 공통점 외에는 모든 것이 다른 일곱 채의 집 이야기를 읽어가다 보면, 사는 곳이 서울이 아닌 어디든 마치 도시주택을 직접 지어본 것 같은 간접 경험을 할 수 있을 것입니다.

도봉산
수락산
북한산
수유동 집
정릉동 집
DDP
남산타워
한남동 집
한남대교
영동대교
반포대교
올림픽대교
잠실대교
코엑스
롯데월드타워
예술의전당
청계산

01
성산동 집

홍제천
도깨비커피집
RICHMOND
성미산
리치몬드 제과점

성산동 주택

자전거가 주차된 회색 벽돌집

깨끗하고 살기 좋은 보석 같은 동네, 마포구 성산동

성산동으로 진입하는 방법은 여러 가지가 있습니다. 강변북로를 타고 달리다가 마포구청 쪽으로 꺾어 들어가면 홍제천을 왼쪽에 두고 주택가로 들어서게 됩니다. 범접하기 어려운 분위기의 연희동과는 달리, 평지에 옹기종기 모여 앉은 작은 주택들이 평범하지만 친근한 인상을 줍니다. 그 밖에도 성산동은 홍대 쪽에서 가는 방법도 있습니다. 화려한 네온사인이 거리를 밝히는 홍대 근처의 번화가와 연남동을 지나가면 이내 어둑어둑한 동네가 보입니다. 바로 성산동이죠. 저녁나절의 성산동은 정오의 따스한 햇살이 골목골목 깊이 스며 만들어낸 느슨함과는 또 다른 고요와 적막이 자리 잡고 있습니다. 성산동은 잘 알려진 동네는 아닙니다. 이웃한 연남동이나 망원동이 최근 핫플레이스로 떠오른 것에 비하면 타지 사람들이 성지순례처럼 들르는 맛집도 많지 않고요. 덕분에 성산동의 낮과 밤은 한결같이 조용하고 평화롭습니다. 골목길에 들어서면 자동차 경적 소리, 쿵쾅거리는 음악 소리는 작아지고 사람들의 정감 어린 대화가 들리기 시작합니다. 그래서인지 누군가는 성산동이 깨끗하고 살기 좋은 보석 같은 동네라고 하더군요. 아직은 상업적인 분위기로 물들지 않은 덕분인지도 모르겠습니다. 이철환·박의경 부부의 집은 골목길의 끝자락에 위치하고 있습니다. 딱히 설명하지 않아도 한눈에 알아챌 수 있는 집입니다. 새로 지은 티가 나서 그렇다기보다는 주변과 위화감이 없는 벽돌을 마감재로 사용했음에도 반듯하게 지어진 모양새가 건축가의 손을 탔다는 인상을 고스란히 전하고 있기 때문입니다. 나무가 무성하게 자란 앞집의 마당을 정원 삼아 초록의 싱그러운 에너지를 그대로 즐길 수 있는, 작지만 작지 않은 성산동 주택으로 가보겠습니다.

고민의 시작, 나는 어디서 살아야 할까?

운전하다 보면 생각지도 못한 동네를 구경하게 되는 경우가 종종 있습니다. 그럴 때는 속도를 낮추고 창을 내려 주변 풍경을 살피면서 이런 동네에서 사는 생활은 어떨까 상상하곤 합니다. 친근하게 말을 건네는 주인이 있는 작은 이자카야에서 맥주 한잔으로 마무리하는 퇴근 뒤의 삶이 기다리고 있을 수도 있고, 혹은 조용한 주택 한 켠에서 작은 텃밭을 가꾸면서 물을 흠뻑 주는 일로 하루 일과를 마무리할 수도 있습니다. 도심에 집을 짓고 사는 삶은 어떨까, 또는 양평이나 광주처럼 서울과는 꽤 거리가 있지만 자연 속에서 사는 삶이 나에게 더 맞을까 생각해봅니다.

주택살이에 대한 첫 번째 고민은 '어디에 살지?'입니다. 우리는 자신을 잘 안다고 생각하지만 실상은 그 반대인 경우가 많습니다. 아파트 단지 문화를 누릴 수 있는 공동주택의 편리한 삶, 골목길의 따뜻한 정서와 동네 문화를 경험할 수 있는 도시주택, 아파트에서보다 몇 배 더 부지런해져야 하는 전원주택에서의 자연친화적인 삶. 어느 쪽이 내 스타일이라고 확신할 수 있을까요? 저 또한 전원주택의 낭만을 꿈꾸는 사람이지만, 주변에서는 코웃음을 치며 절대 전원주택에서 살 수 없을 거라고 말하더군요. 그때마다 저는 살아보지 않고서는 알 수 없다고 이야기해왔죠. 적어도 성산동 주택의 이철환·박의경 부부를 만날 때까지는 그랬습니다. 두 부부는 주택에서 살고 싶다고 해서 자신의 활동 반경이나 생활 패턴까지 바꾸고 싶지는 않았다고 말했습니다. 저도 공감했습니다. 집에서 회사까지 편리하게 출퇴근하고, 주말에 누리던 여가 및 문화생활을 유지하면서 주택에 살 수 있다면 그야말로 모든 것을 다 가졌다는 생각이 들 것 같거든요. 그래서 이 책의 출발은 바로 도시주택입니다.

처음부터 도시주택을 염두에 둔 건축가 부부가 발품을 팔아 구한 집.

예산에 맞는 '좋은 집'은 존재하지 않는다

집을 보러 다닐 때 부동산업자에게 예산을 이야기하면 꼭 그보다는 더 비싸고 좋은 집을 소개해줍니다. 하필 그런 집은 마음에 쏙 들죠. 은행 대출과 이자를 계산해보고는 무리하지 말자 싶어 예산에 맞는 집을 보러 가면 언제나, 항상 실망하기 마련입니다. 보증금이 싼 월셋집을 볼 때도, 꽤나 무리해서 마련한 돈을 들고 전셋집을 보러 갔을 때도 이 법칙은 적용되곤 합니다. 기대한 만큼 실망이 크죠. 그리고 깨달았습니다. 내 예산에 맞는 '좋은 집'은 없다는 것을요. 집에 한 재산이 있다면 모르겠지만, 일반적으로는 대체로 비슷할 거예요. 이철환·박의경 부부도 이 점을 잘 알고 있었습니다. 세상에 좋은 집은 많지만, 내 예산에 맞는 집은 언제나 여건이 완벽하지 않다는 것이죠. 그럴 때는 어떤 것을 포기하고 지켜야 할지 저마다 기준을 정하면 됩니다. 집 앞에 도로가 있으나 주차장은 없는 집, 막다른 골목길이거나 가파른 경사길에 위치한 집 또는 채광이 나쁜 집, 지나치게 낡은 집 등. 세를 얻는 것이 아니라 집을 개축 혹은 신축할 생각이라면 건축가와 함께 결정하는 것이 도움이 됩니다. 건축가가 대지 조건을 분석해 설계로 극복할 수 있는 부분을 조언해주기 때문입니다.

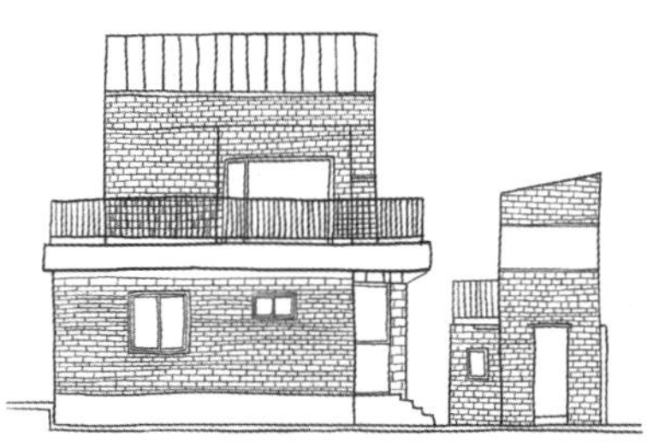

정남향의 평지에 위치한 포근한 집.

"아이들이 집에서 자유롭게 뛰어놀 수 있었으면 좋겠어.
아랫집 눈치 보느라 최소한의 자유도 속박당한 느낌이야."
층간소음 스트레스에 시달리던 이철환·박의경 부부는 주택으로 이사할 계획을 세웠다. 두 사람 모두 현직 건축가이니 어떤 집을 만나게 되더라도 더 나은 방향으로 개선할 수 있을 거라는 자신이 있었다. 주택 생활을 결심하고 2년 동안은 집만 보러 다녔다. 부부의 예산 안에서 찾은 주택은 옆집과 벽을 공유해 측간소음이 발생한다는 단점이 있었지만, 이철환·박의경 부부는 이를 부실 레이아웃과 가구 배치로 해결했다.

층간소음을 피해 이사한 주택에서는
아이들이 마음껏 뛰어도 마음이 여유롭다.

층간소음 스트레스로부터 탈출하고 싶어요

이철환·박의경 부부는 결혼하기 전부터 아파트에 살았고, 결혼한 이후에도 쭉 아파트에서 생활했다. 그러다 아이들이 생기자 아파트 생활이 서서히 불편해졌다. 원인은 층간소음. 아파트에 사는 사람이라면 누구나 공감하는 문제인데, 아랫집과의 관계를 잘 유지하더라도 2년에 한 번 전세 계약이 종료되어 새로운 세입자가 입주하게 되면 그간 잘 쌓아두었던 관계도 새로운 국면에 접어들었다. 예민한 세입자의 경우에는 아이들이 발소리를 내지 못하게 해달라고 무리한 요구를 해왔을 뿐만 아니라 어느 날은 집에 막 귀가한 순간부터 인터폰을 걸어 시끄럽다고 항의하기도 했다. 결국 부부는 아이들에게 의자 끌지 마라, 조용히 걸어라 등 하지 말아야 하는 것들에 대한 잔소리를 늘어놓으며 스스로 지쳐가는 상황이 되었다. 부부는 아파트에 거주하던 시절을 최소한의 자유도 보장받지 못했던 생활이라고 말한다. 층간소음 스트레스가 커지면서 아이들이 마음껏 뛰어놀 수 있는 주택 생활에 대한 열망은 더욱 커졌다. 한편 건축가로 클라이언트의 집을 설계하면서 그들이 받아들이지 않았던 제안을 직접 현실에서 실험해보고 싶은 자아실현의 욕망도 있었다. 주택 생활을 결심하자 부부는 망설일 것 없이 집을 알아보기 시작했다. '한강에서 빠르게 접근할 수 있을 것'이란 기준을 세우고 원래 살던 동네인 마포에서 연남동, 성산동까지 홍대 일대를 죄다 훑으며 발품을 팔았다. 그렇게 2년이 되었을까. 지금 사는 집을 만났다. 첫눈에 반한 집은 아니었다. 그래도 집을 개축하면 살 만할 거란 생각이 들었다.

뭐든 다 가질 수는 없는 법
합벽이어도 괜찮아요

가진 예산에 집을 맞추다 보면 여건이 안 좋기 일쑤다. 주차가 안 되거나, 향이 나쁘거나, 집끼리 붙어 있거나, 언덕 위에 있어 접근성이 떨어지거나 안 좋은 이유가 여럿이다. 그중에서 성산동 주택은 옆집과 벽을 공유하고 있는 경우다. 합벽의 큰 단점은 옆집에서 발생하는 생활소음에 그대로 노출된다는 사실이다. 마찬가지로 이 집에서 발생한 모든 소음이 옆집에 그대로 공유될 수 있다. 즉 층간소음 대신 측간소음에서 자유로울 수 없다. 그래서 부부는 선뜻 결정하지 못하고 6개월을 고민하다가 이 집을 샀다고 한다. 합벽이라는 점만 제외하면 부부가 원한 조건에 얼추 들어맞았다. 차가 들어갈 수 있는 도로에 접한 집이었고, 평지에 위치하고 있었고, 정남향이라 포근했다. 어차피 옆집 때문에 신축 공사는 어려운 상황이었으므로 이 집의 건축주이자 건축가인 이철환 소장은 최대한 합리적인 개축을 진행하기로 마음먹었다. 한창 사춘기인 딸들이 지낼 방은 합벽에서 가장 멀리 배치하고, 1층에서는 안방과 화장실이, 증축한 2층에서는 주방, 세탁실 및 보일러실이 합벽 쪽에 위치하도록 평면을 구성했다. 특히 1층은 소음을 최대한 차단하기 위해 합벽 부분에 옷장과 수납장을 일렬로 짜 넣었다.

부부의 취향을 모두 반영할 순 없겠죠

주택을 짓기 시작하면 수많은 의견 충돌이 발생한다. 건설사의 계획대로 지어 납품한 공동주택에서는 생각할 필요 없던 문제가 주택에서는 오롯이 건축주의 선택으로 남기 때문이다. 무엇을 우선순위로 둘 것인지는 서로 살아온 환경과 주거 가치에 따라 다른데, 성산동 주택의 이철환·박의경 부부도 마찬가지였다. 방범과 프라이버시가 최우선 주거 가치인 박의경 씨와는 다르게 이철환 씨는 프라이버시의 보호는 적당한 선에서 지켜지면 되는 문제고, 건축적인 아름다움을 더 중요하게 생각했다. 둘 다 현역 건축가로 의견이 더욱 팽팽할 수밖에 없는 상황이라 박의경 씨는 주도권을 남편에게 넘겼다. 건축이나 디자인은 개인적인 취향과 선호도가 크게 반영되는 작업인데, 건축가 둘의 취향을 절충하다 보면 이도저도 아닌 결과물이 나올 것 같다는 판단에서였다. 주요 설계안에 대해서는 이견이 없었으나, 문제가 발생한 것은 바로 2층의 구조였다. 이철환 씨는 거실을 포기하고 넓은 테라스를 만들자고 주장했다. 한편 박의경 씨는 집에서 거실이 꼭 필요하다고 생각했기 때문에 이에 대한 합의점을 찾는 것이 어려웠다. 결국은 아내의 의견대로 테라스 공간의 면적을 줄이고 거실을 만들었다.

아내의 의견대로 2층에 작은 거실을 만들었다. 살면서 필요하다면 더 확장할 생각도 있다.

Coleman

작지만 넓은 집으로 설계할게요

성산동 주택은 모든 공간이 물 흐르듯 유기적으로 연결된다. 1층은 천창과 그 아래 실내 중정을 통해 빛이 흐를 수 있는 구조, 2층은 거실과 주방에서 맨발로 다닐 수 있도록 데크를 깐 외부 테라스로 연결되고, 2층을 둘러싼 테라스는 주택 입구에 세운 부부의 사무실 2층으로 이어진다. 1층의 현관을 통하지 않고도 통행이 자유롭고 빛과 바람이 물 흐르듯 집 안 전체를 타고 흐른다. 거실과 주방에 있는 큰 창을 통해 외부 풍경을 누릴 수 있고, 데크가 깔린 테라스 즉 외부와 실내의 중간 영역이 있는 덕분에 작지만 작아 보이지 않는다는 것이 장점이다. 이철환 소장은 설계 당시부터 이를 의도했는데, 이 집을 작은 범선의 내부에 비유한다. 작은 범선이 돛대를 비롯해 선실까지 배의 모든 표면을 알차게 활용하는 것처럼 성산동 주택 역시 건폐율*로 인해 버려야 하는 공간을 잘 쓰기 위해 연면적*에 포함되지 않는 테라스를 활용하기로 한 것이다. 집 안에서 걸어 다닐 수 있으면 집이 더 넓게 느껴진다는 것이 이철환 소장의 주장이다. 덕분에 약 18평(60㎡) 주택은 원래의 면적보다 넓어졌으나 살아보니 계단을 오르내리는 동선이 불편한 까닭에 곳곳마다 물건이 더 늘어난다는 단점도 있다.

***건폐율** 대지면적에 대한 1층 건축면적의 비율로, 일반주거지역의 경우 보통 60% 이하로 제한받아요.
***연면적** 대지에 세운 건축물 각층 바닥면적의 합계를 말해요.

ㄱ자형의 주방은 작은 창을 내어 밝게 사용할 수 있다.

옥외 화장실이 있던 자리에 증축해서 만든 미루공 건축사무소.

불법 건축물이 있다면 과태료를 내야 해요

집을 계약할 때 부동산업자는 등기상 약 12평(40㎡)이지만 실상 약 18평(60㎡) 주택이니 부부가 큰 이득을 본 장사라며 덕담을 건넸다. 하지만 오래전에 지어진 집은 등기와는 맞지 않는 부분이 꽤 있었다. 면적도 틀렸거니와 건축물대장에는 마당에 있는 옥외 화장실에 대한 내용 없이 단층 주택 1동으로 기재되어 있었다. 이철환 소장은 옥외 화장실을 개조해 그 위로 작은 사무실을 올릴 계획을 세웠는데, 알고 보니 건축물대장에 없는 불법 건축물이라 과태료를 낼 상황에 처하게 됐다. 언제 지어졌는지 추산할 수도 없는 건물이라 과태료는 몇백만 원 선에서 마무리되었으나, 현재의 소유주가 불법 건축물에 대한 과태료를 지불해야 한다는 것은 몰랐던 터라 당황스러웠다. 부동산업자의 말만 믿을 것이 아니라 주택 상태와 건축물대장을 꼼꼼히 비교해 불법 건축물이 있는지 확인하는 작업이 필요하다.

작은 사무실로 증축했어요

이철환·박의경 부부는 미루공건축사무소를 함께 운영하고 있다. 청담동에 있던 사무실을 정리하면 임대료를 공사비에 보탤 수 있는 상황이라 부부는 옥외 화장실이 있는 자리에 작은 사무실을 만들기로 했다. 건폐율 60% 안에서 지어야 했기 때문에 협소한 공간이 됐지만 부부가 쓰기엔 적당하다. 1층엔 바 테이블과 미니 냉장고, 화장실이 있고 2층이 컴퓨터와 책상이 있는 건축사무소다. 아직 어린 두 딸을 학교에 보내고 여유 있게 출근할 수 있다는 것은 장점이고, 퇴근 시간이 따로 없이 늦게까지 일하게 되는 것은 단점이다. 하지만 부부는 실보다 득이 많다고 생각하고 있다.

합판으로 마감한 건축사무소 1층 내부. 가구는 목수들이 현장에서 제작했다.

이게 바로 단독주택에 사는 재미입니다

이철환·박의경 부부가 집에서 가장 좋아하는 장소로 손꼽은 곳은 바로 사무실 1층 공간이다. 바 테이블이 있는 1층에 앉으면 마당을 지키는 진돗개 멍지와 교감할 수도 있고, 계절의 변화를 몸으로 체감하면서 주택살이의 재미를 느낄 수 있다. 주택살이 2년 차가 되었을 때 어닝*과 데크를 설치하면서 집과 작업실 사이에 반 외부 공간이 생겨났는데, 비가 오면 두두두두 빗소리를 들으며 도란도란 이야기를 나누고, 친구들이 놀러오면 집이 아닌 사무실의 바 테이블에 모여 앉아 맥주 마시는 재미가 크다고 한다. 아파트에 오래 살았지만 그렇게 답답한 곳에서 어떻게 살았을까 싶을 정도로 주택이 주는 재미를 이곳에서 느낀다. 지독한 열대야에도 찬물로 샤워하고 나와 시원한 물을 마시며 저녁 시간을 보내는 것이 좋다고 한다. 그럴 때마다 마당에 피워놓은 모기향이 시골집에 놀러온 것처럼 향수를 불러일으킨다.

*어닝 캔버스·알루미늄·플라스틱 등으로 만든 차양으로, 창이나 출입구 위쪽에 설치해요.

집이 작을수록 마감재는 단순해야 해요

원래 성산동 주택은 빨간 벽돌과 옛날 양옥에서 종종 볼 수 있는 석재로 마감되어 있는 집이었다. 단층짜리 주택을 2층으로 증축할 계획이었기 때문에 기존의 외장재와는 잘 어울리면서 깔끔한 느낌을 줄 수 있는 마감재를 골라야 했다. 마감재에 대한 이철환 소장의 지론이 있는데, 집이 작을수록 재료는 단순해야 한다는 것이다. 더불어 집의 형태도 단순할수록 더 아름답다는 것이 그의 생각이다. 그리하여 선택한 외장재는 벽돌 타일. 드라이비트나 페인트로 마감하면 주변의 오래된 주택과 이질감이 생길 것 같았다고 한다. 이런 시멘트 타일은 밀도가 높지 않아 빗물이 타일 안으로 샐 수 있으니 2~3년에 한 번 발수제를 발라주는 것이 좋다. 공동주택은 유지보수에 대한 비용을 지불하면 그만이지만 주택은 직접 관리해야 하므로 주기적으로 주택의 외장재를 살펴 페인트나 방수용 마감재를 덧칠하고 데크 등의 나무 마감재에는 오일스테인을 발라주는 것이 좋다. 철제 페인트도 시간이 지나면 녹슬기 마련이므로 재료의 수명을 염두에 두고 집을 관리해야 한다.

살아보니, 개선이 필요하네요

두 건축가가 머리를 맞대고 지은 집이지만, 살아보니 설계에서 놓친 부분들이 보이기 시작했다. 박의경 씨에게는 다락과 지하가 아쉬운 공간이다. 다락은 주택의 상층에 위치해 뜨거운 열기가 모이기 마련인데, 방범에 신경 쓰느라 문을 조금만 열리게 했더니 열기가 빠져나가는 틈이 부족해 여름에는 쓸 수 없는 공간이 되어버렸다. 조건이 열악하면 활용도가 떨어지기 마련인데, 다락이 그런 경우다. 다행히 겨울에는 아늑하고 따뜻해 두 딸의 아지트가 되어주고 있다. 지하는 원래 연탄 창고로 쓰던 곳이었는데, 철거 당시 벽을 뜯어보니 빗물이나 누수 자국이 없어 별다른 보강을 하지 않았다가 지난여름 물난리를 치렀다. 장마철마다 한 번씩 큰비가 들어차 밤새 빗물을 퍼 날라야 했다. 그래서 폭우가 오거나 비 예보가 있는 날은 새벽에 한 번씩 순찰을 도는 등 촉각을 곤두세우게 된다. 그나마 창고로 쓰는 공간이라 크게 피해를 입진 않았지만 다음번에 집을 또 짓게 된다면 돌다리도 두들겨보고 건너랬다고 누수를 방지하는 보강공사를 꼭 해야 한다는 교훈을 얻었다.

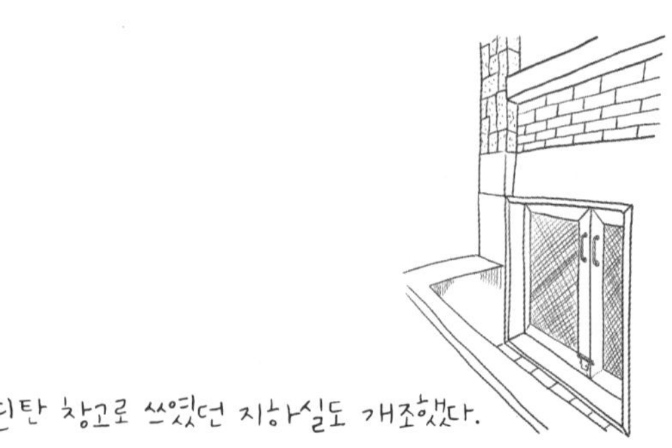

연탄 창고로 쓰였던 지하실도 개조했다.

성산동 주택 세부정보

Information

가족 4명

규모 지하1층, 지상 2층, 다락

대지면적 100.5㎡(2종 일반주거지역)

건축면적 60㎡

건폐율 59.70%(법정 60%)

연면적 94.54㎡

용적률 94.07%(법정 200%)

총 공사비용 1억5000만 원

총 공사기간 3개월

설계 미루공건축사무소
(02-6371-6587)

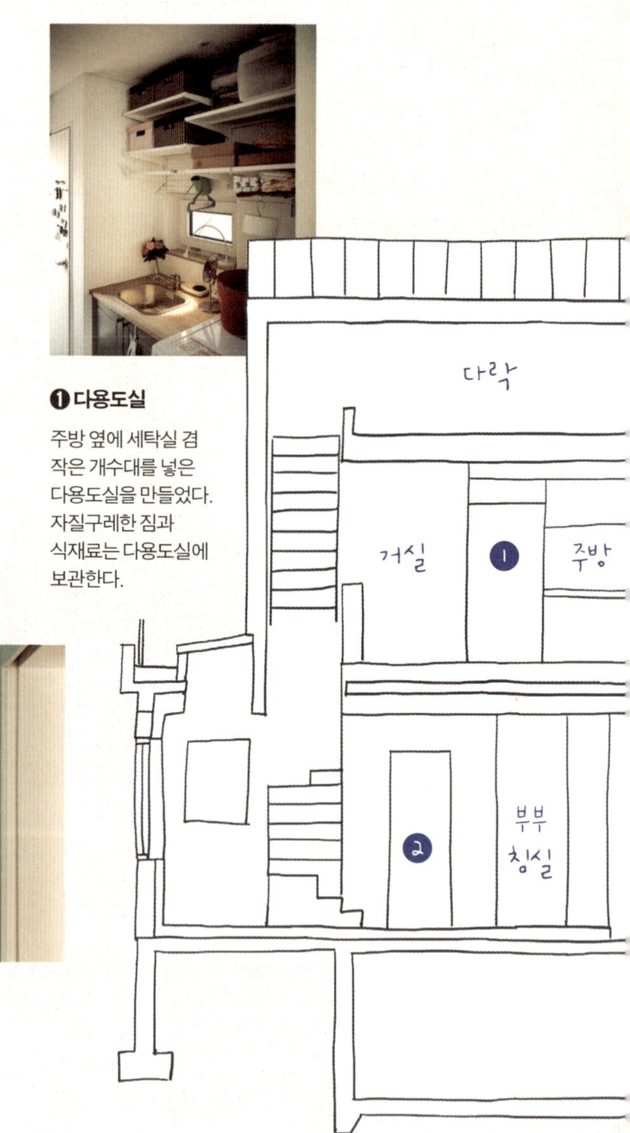

❶ 다용도실

주방 옆에 세탁실 겸 작은 개수대를 넣은 다용도실을 만들었다. 자질구레한 짐과 식재료는 다용도실에 보관한다.

❷ 자녀 방

부부 침실과 두 딸이 사용하는 방은 1층에 있다. 특히 자녀 방은 합벽에서 가장 멀리 배치했다.

❸ **테라스**

무성하게 자란 이웃집 정원의 나무 덕분에 싱그러운 분위기로 가득한 테라스. 자유롭게 통행할 수 있게 나무 데크를 깔았다.

❹ **미루공건축사무소**

옥외 화장실을 철거하고 증축해 만든 건축사무소. 아담한 2층 규모로 1층에는 작은 화장실도 딸려 있다.

건축가는 어디서 찾을 수 있나요?

작가에게 묻다

한 주 걸러 도착하는 모바일 청첩장 알림으로 휴대폰이 불나던 시절, 주말이면 결혼식 셔틀에 정신이 혼미해지곤 했습니다. 꽤 자주 만나는 친구들이었음에도 불구하고 잡지사의 인테리어 에디터라는 낯선 직업은 결혼을 앞둔 친구들의 흥미를 불러일으켰는지 밑도 끝도 없이 "소파 어디서 사?" "식탁은 뭐가 좋대?" 등등의 질문을 참 많이 받았습니다. 몇 해가 지난 이제는 질문이 조금 바뀌어서 "(집을 지을 때) 건축가는 대체 어디서, 어떻게 만날 수 있어?"를 많이 묻습니다.

몇 가지 경로가 있습니다. 첫 번째 방법은 건축 잡지를 통하는 것인데요. 서점에서 몇 달 치 건축 또는 주택 관련 잡지를 사서, 마음에 드는 집이 나타나면 설계자 정보를 확인하는 방법입니다. 보통 주택 정보 페이지에 설계를 담당한 건축사무소의 연락처나 홈페이지가 소개되어 있습니다. 하지만 몇 달 치 잡지만으로 파악할 수 있는 정보는 한정적인 편이죠.

그럴 때 건축가협회를 찾아보는 것도 도움이 되는데요. 국내에 건축가협회는 공식적으로 세 곳(한국건축가협회, 새건축사협의회, 대한건축사협회)이 있습니다. 새건축사협의회(www.kai2002.org)의 협회 활동을 보면 젊은 건축가상을 안내하는 코너에서 2008년에 제정된 젊은 건축가상의 수상자와 대표 작품을 연도별로 확인할 수 있습니다. 해마다 세 팀의 건축가에게 수상 기회가 주어지는데, 여기에 소개된 건축가들을 검색하면서 정보를 훑어가면 꼭 젊은 건축가상을 수상하지 않았더라도 활발하게 설계 작업을 이어가고 있는 현역 건축가들을 찾을 수 있습니다.

저는 나중에 주택을 짓게 되면 생각이 깨어 있고 의견을 자유롭게 나눌 수 있는 젊은 건축가에게 설계를 맡길 생각입니다. 그들의 열정과 건축적인 사고를 존중하면서 설계 작업을 이어가다 보면, 마치 젊은 날의 르 코르뷔지에가 스위스 레만 호숫가의 작은 마을에 어머니를 위한 집을 설계하면서 그의 근대 건축 원칙에 초석을 닦았듯이, 제가 사는 집을 시작으로 기념비적인 건축 철학이 탄생할 수도 있지 않겠습니까? 참고로 연희동 주택을 설계한 제이와이아키텍츠의 조장희, 원유민 소장은 2013년에 젊은 건축가상을 수상했습니다. 요즘은 작은 주택을 설계하는 건축가들이 늘어나고 있으니 용기 내어 건축사무소 문을 두드려보세요!

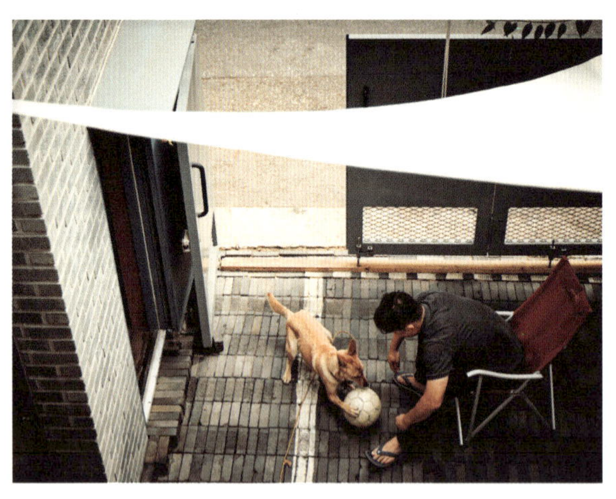

그 후의 이야기

주택에 산 지 햇수로 4년째 접어들었는데요. 주택은 끊임없이 변화해요. 지난해와 올해가 다르고 1년 뒤에는 또 어떻게 바뀔지 몰라요. 사무실 앞 데크도 이사한 다음 해에 깔았는데, 데크를 깔기 전과 후의 삶이 정말 달라졌죠. 우리 부부는 오랜 시간을 사무실 1층의 바 테이블에서 보내요. 바람도 쐬고 하늘도 보면서 주택에 사는 재미를 느낄 수 있는 공간이라 좋더라고요. 비가 와도 문을 닫지 않고 비가 두두두두 떨어지는 소리를 들으며 시간을 보낼 수 있죠. 내년에는 또 어떻게 달라질까 기대가 돼요. 그게 주택이 주는 매력이에요. 아, 거기에 한 가지 더 보태자면 모기와 거미와의 전쟁이기도 하죠(웃음). 캠핑을 좋아하는 가족이라 큰 문제는 안 되지만요.

02

연희동 집

연희동 주택

옥상정원이 있는 하얀 집

서연중학교
SARUGA
사러가마트

ⓒ황효철

땅거미가 지는 시간, 호젓하게 산책하기 좋은 동네 서대문구 연희동

서대문구 연희동은 우연히 길을 걷다가 마주칠 수 있는 동네는 아닙니다. 연희동을 알리는 교통 표지판도 참 무심해서 자칫 한눈을 팔다가는 연희동으로 진입하는 입구를 지나치기 일쑤죠. 연희동은 정치계 인사를 비롯해 부유한 계층이 모여 살던 소위 부촌입니다. 주택가를 거닐다 보면 잘 정돈된 나무와 잔디, 담장 너머로 크기를 대략 짐작해볼 뿐인 넓은 주택이 고고한 아우라를 뽐내는 것 같습니다. 사실 주택만 봐서는 너무 완벽해서 매력이 느껴지지 않는다고 할까요? 또는 현실적으로 넘을 수 없는 산이라고 느껴져서 구경하는 재미가 덜하다고 할까요? 작은 주택이 옹기종기 모여 있는 동네와는 또 다른 느낌이긴 합니다. 그러나 그 덕분에 나직한 주택 사잇길을 걸으며 호젓한 분위기를 즐길 수 있다는 것이 연희동만의 매력입니다. 걷다 보면 차고를 개조한 공방이나 복고 스타일의 간판을 단 사진관을 만날 수 있습니다. 골목길을 좀 더 걸으면 트렌디한 분위기의 주스바와 카페, 감도 좋은 편집숍이 이어집니다. 유명 맛집을 만나는 반가운 경험도 할 수 있고요.

몇 해 전 연희동의 사러가 마트를 처음 찾았을 때 받았던 이미지가 아직도 선명합니다. 단층 건물에 넓은 지상 주차장, 그 앞의 한적한 풍경에 반해서 한참을 멍하니 서 있었는데, 외국의 작은 섬이 떠올랐어요. 아마도 대지를 여유롭게 활용하는 모습이 비슷하다고 느꼈던 모양입니다. 작은 수입상가가 모여 있어 마치 남대문 수입상가에 온 듯한 느낌을 주는 사러가 마트는 연희동의 명물이자 터줏대감인데요. 일본 여행에서 사온 소화제를 사러가 마트의 수입상가에서 발견하고는 친구와 크게 웃었던 적도 있습니다. 작지만 없는 것이 없다며 감탄했었죠.

이런 일상의 풍경이 모인 연희동은 너그럽고 여유롭습니다. 시간이 느릿하게 흘러가는 작가들의 공방과 작은 숍은 급진적이고 실험적인 홍대 앞과는 또 다른 예술적인 분위기를 만들어내죠. 언제나 연희동만 오면 주택살이에 대한 강렬한 열망이 밀려옵니다. 그래서 이상윤·서일 부부, 이상탁·양이슬 남매 부부가 지은 협소주택을 빨리 보고 싶어졌습니다. 이들의 집이 기대되는 이유는 바로 부촌에 지은 지극히 현실적인 집이기 때문입니다. 설계 및 감리를 담당한 제이와이아키텍츠의 사무실 식구들도 연희동 주택을 완성하고 나서 "이 집이면 왠지 나도 도전해볼 수 있을 것 같아요" 라고 말하며 주택살이를 꿈꿨다는 후일담이 전해지기도 했습니다. 이제부터 소개할 연희동 주택으로 가려면 궁동근린공원 방향으로 완만한 오르막길을 올라가야 합니다.

예산이라는 높은 현실의 벽

처음 소개했던 성산동 주택에서 저는 '꼭 서울에 주택을 지어야 하는가'라는 건축주의 고민에 크게 공감했습니다. 지금도 고민되는 이슈입니다. 현재의 라이프스타일과 생활 반경을 벗어나지 않는 동네에 집을 지을 수 있다면 그것만큼 바람직한 일도 없겠지만, 항상 모든 선택은 예산이라는 높은 현실의 벽에 가로막혀 있습니다. 서울 근교에 땅을 사서 집을 지어볼까 고민하는 것도 한정적인 예산 때문입니다. 땅값으로 지출하는 비용을 줄이면 주택살이의 꿈이 몇 년 더 앞당겨지지 않을까 계산기를 두들겨 보면서요. 정말 주택 짓는 비용이 일반 회사원은 꿈꾸기 어려울 만큼 높은 비용일까요? 주택살이를 시작한 다른 사람들은 운 좋게도 부모님이 물려주신 재산이 많아서 가능했을까요? 예전에 만났던 한 인터뷰이의 이야기를 해볼까 합니다.

그는 평창동에 약 30평(99㎡) 규모의 주택을 구입해 셀프 수리 중이라는 이야기를 들려주었습니다. 흥미로웠던 것은 수리 과정이 아니었습니다. 그가 집을 사게 된 경로였죠. 인터뷰이는 경매로 집을 구입했는데, 시가보다 훨씬 싼 3억 원가량이 들었다고 말했어요. 주택을 사기로 결심하고 발품을 부지런히 팔았는데, 특히 평창동 주택은 3년 이상 두고 봤다고 합니다. 처음 경매에 나왔을 때보다 더 큰 비용을 지불하긴 했지만, 신중하게 판단하기 위해 필요한 시간이었고 주변 공시지가를 생각해도 성공적인 거래였다는 말도 덧붙였어요. 물론 그 주택이 평창동에서도 외곽에 위치해 있거나 마트까지 가는 길이 불편할 수는 있습니다. 중심가보다는 낙후된 곳에 위치해 시세가 싸게 형성됐을 수도 있고요. 여기서 제 의지를 고양시킨 것은 이미 살기 좋다고 알려져서 시세가 오를 대로 오른 주택가에도 살 만한 집이 남아 있다는 사실이었어요. 인터뷰이는 대화의 말미에 이런 말을 남겼습니다. 이미 주변 환경이 편리하고 아름답게 조성된 곳이라면 시세는 정점을 찍었을테니, 낙후 지역을 찾아보는 것이 유리하다는 것이었죠. 그리고 자신의 집을 예쁘게 꾸미고 이를 계기로 긍정적인 도미노 효과를 노리는 것이 훨씬 현실 가능성이 있을 뿐만 아니라 더 경제적인 선택이라는 이야기였습니다. 당연한 이야기지만 그래서 더 교과서적인 말이기도 합니다. 낙후된 지역의 주택을 사기란 선뜻 용기 내기가 어렵죠. 그럴 때 배짱이 필요한 것 같습니다. 내가 선택한 동네가 더 발전하면 좋지만, 아니어도 상관없다는 거죠.

평창동의 인터뷰이처럼 경매로 주택을 사려면 단기간에 목돈을 운용할 수 있어야 합니다. 그래서인지 연희동 주택의 이상윤·서일 부부와 이상탁·양이슬 부부의 방식이 더 현실적으로 다가옵니다. 그들은 부족한 예산을 다른 방법으로 메꾸기로 했는데, 바로 한 필지를 구입해 집 두 채를 짓기로 한 것입니다. 이쯤 되면 한 단어가 머릿속에 스칠 겁니다. 네, 맞습니다. 몇 년 전 센세이셔널한 인기를 끌었던 땅콩주택입니다. 두 남매 부부도 전셋값으로 시작했습니다. 각자의 전셋값에 은행 대출을 보태야 했지만 두 집이 각각 서울 시내의 소형 아파트를 구입하는 비용보다는 덜 들었다고 합니다. 주택을 지어본 사람들은 한결같이 돈이 있어서 집을 짓는 것은 아니라고 말합니다. 일단 부딪쳐보라고 응원을 보내죠.

땅콩주택을 지어 부족한 예산을 메꾼 연희동 주택의 두 가족.

어렸을 때부터 주택에 살았던 이상윤·이상탁 남매는 각자 결혼한 뒤에도 아파트가 아닌 다른 형태의 주거 공간을 고집해왔다. 좁으면 좁은 대로 대지를 공유하는 땅콩주택을 짓기로 의기투합한 남매는 연희동에 약 35평(117㎡) 남짓의 오래된 주택을 봐둔 뒤 건축가를 찾아갔다. 이전의 건축 프로젝트로 젊은 건축가상을 수상하며 이름을 알리기 시작한 제이와이아키텍츠의 조장희·원유민 소장은 작은 필지에 두 채의 주택을 짓고자 하는 계획이 단지 꿈이 아니며 현실적으로 가능한 일이라고 확인해주었다. 부촌 연희동에 지극히 현실적인 땅콩주택을 짓는 프로젝트는 그로부터 두 달 뒤 시작되었다.

사이당

우리 함께 집 지을래?

이상윤·이상탁 남매는 어렸을 때부터 유난히 사이가 좋았다. 나이 차이가 꽤 났지만 남동생은 누나를 잘 따랐고, 누나도 살가운 남동생을 예뻐했다. 누나인 상윤 씨가 먼저 결혼하고 상탁 씨도 뒤따라 결혼하면서 남매는 떨어져 살게 됐다. 말을 하지는 않았어도 둘 다 성냥갑 같은 아파트를 좋아하지 않아서 신혼살림은 각각 빌라에 차렸다. 상탁 씨는 언젠가 집을 짓고 싶다는 꿈을 상윤 씨에게 털어놨고, 좁더라도 주택에 사는 삶이 더 좋다는 데 의기투합한 남매는 함께 주택을 지어보기로 했다. 상윤 씨의 남편인 서일 씨도, 상탁 씨의 아내인 이슬 씨도 적극 찬성했다. 사실 젊은 부부 두 사람의 힘으로 서울 시내에, 그것도 변두리가 아닌 도심에 주택을 짓기란 쉬운 일이 아니다. 돈이라는 현실적인 제약을 극복하기 위해 남매가 찾은 방법은 함께 주택을 짓는 것이었다. 비용이 절반으로 줄어드니 가능성이 높아졌다. 상탁 씨는 인터넷으로 매일같이 부동산 정보를 검색했고, 얼마 지나지 않아 지금의 집을 만나게 됐다. 연희동의 조용한 주택가에 위치한 집은 이웃한 주택에 비해 대지*가 작아서 사볼 만하다는 생각이 들었다. 상윤 씨 부부와 상탁 씨 부부는 집을 계약하기 전에 건축가를 찾아갔다.

***대지** 대지는 건축물을 지을 수 있는 땅을 말해요.

설계노트

어떻게 찾아오셨습니까?

저예산주택 시리즈와 강진 산내들지역아동센터 등 이전의 프로젝트로 젊은 건축가상을 수상한 제이와이아키텍츠의 조장희 소장은 설계 문의가 빗발치고 매일이 바빠질 것으로 기대했는데, 수상 이후에도 사무실 풍경은 크게 달라지지 않았다. 그러던 어느 여름날, 사무실로 한 통의 전화가 걸려왔다. 자신들의 의견을 유연하게 받아들여줄 젊은 건축가를 찾던 상윤 씨 부부와 상탁 씨 부부는 제이와이아키텍츠에 계약 직전 단계에 있는 집을 보여주면서 건축가로서의 의견을 물어왔다. 좁은 집에 사는 것은 얼마든지 할 수 있는데, 약 35평(117㎡)의 조그만 땅에 두 집을 짓는 일이 현실적으로 가능한지 궁금하다는 것이었다. 노부부가 살던 연희동 주택은 워낙 노후해 철거 외엔 답이 없어 보였지만 작은 대지를 찾고 있던 건축주에게는 적합한 조건이었다. 1980년대 이주단지를 만들기 위해 산을 밀고 땅을 쪼개서 만든 필지*로 자연적으로 집이 생겨난 골목이 아니어서 주변엔 네모반듯한 집들이 깔끔한 분위기를 형성하고 있는 한편 삼면이 다른 집과 이웃해 조망이 답답하다는 단점도 있었다. 그래도 건축적으로 시도해볼 만한 집이었다. 조장희 소장은 건축주에게 계약해도 좋을 것 같다는 말로 어색했던 첫 상담을 끝냈다. 그리고 2주 뒤 두 남매로부터 설계를 의뢰하는 전화를 받았다.

***필지** 필지는 지번에 의한 토지의 등록단위를 뜻하므로 대지와는 구분해서 사용해요.

102호(좌)는 현관을 좁게 내는 대신 수납장을 설치했고,
101호(우)는 현관과 주방을 여유 있게 설계했다.

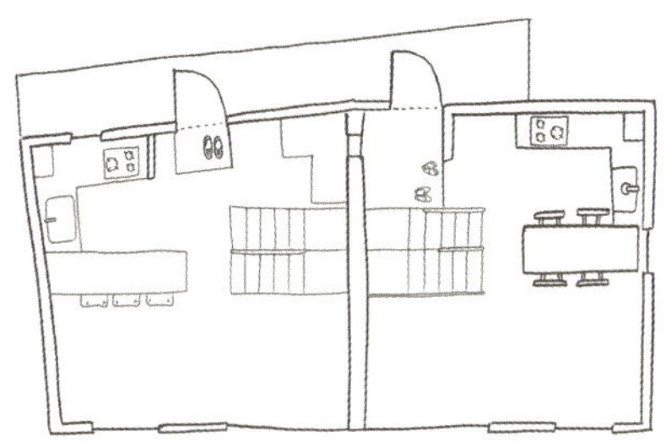

계단을 중심으로 대칭되게 설계한 연희동 주택.

동일한 컨디션의 땅콩주택으로 짓고 싶어요

두 남매와 그들의 배우자가 원한 집의 조건은 매우 명확했다. 서울 근교로 이사할 생각은 털끝만큼도 없었기 때문에 교통이 편리한 서울 시내이면서 동일한 컨디션의 땅콩주택이어야 했다. 연희동의 주택을 구입하면서 첫 번째 꿈은 이미 실현되었고, 두 번째 꿈인 땅콩주택에 대한 고민은 오롯이 건축가의 숙제로 남겨졌다. 땅콩주택이어야 했던 이유는 1층보다는 2층 조망권이 좋을 수밖에 없는 상황이어서 층별로 사용 공간을 분리하기보다 집을 수직으로 나눠 쓸 수 있는 방법으로 의견이 모아진 것이다. 덕분에 연희동 주택은 설계 초기 단계부터 큰 그림이 명확하게 그려질 수 있었다. 네 명의 건축주는 '땅콩주택'이면서도 '두 집의 컨디션이 가급적 동일했으면 좋겠다'고 요청했다. 향과 일조, 조망권을 양쪽 집이 동일하게 누렸으면 좋겠다는 건축주의 희망 사항은 설계안이 확정되기까지 몇 개월 동안 건축가를 깊은 고민에 빠트렸다고 한다. 상윤 씨 부부와 상탁 씨 부부는 집을 짓는 방식이나 예산 분담 문제도 사전에 충분한 대화를 나눈 다음 합의를 거쳤는데, 이를테면 기초공사에 대한 비용은 반씩 부담하지만 화장실 수전이나 욕조, 타일 등 추가되는 하드웨어는 따로 발주를 내서 비용을 산정하기로 했다. 각자 다르게 살아온 네 사람의 인생이 집을 짓는 과정을 통해 자연스럽게 하나가 되어가고 있었다.

설계노트

어디를 기준으로 두 집을 나눠야 할지 고민입니다

건축주의 요구조건은 한마디로 명료했지만, 조장희·원유민 소장이 당면한 과제는 그리 단순하지 않았다. 판교나 용인처럼 지구단위계획구역 내의 단독주택 필지라면 동일한 컨디션의 집을 짓는 것이 수월하겠지만, 상윤·상탁 남매가 구입한 땅은 완만하게 경사진 골목에 각기 다른 조건의 세 집으로 둘러싸여 있어 신경 써야 할 부분이 상당히 많았다. 건축가의 도전정신을 자극하는 흥미로운 요소이면서도 두 사람을 힘들게 만들었던 것은 다름 아닌 작은 대지 안에서, 동일한 컨디션을 가져야 한다는 것이었다. 약 35평(117㎡)의 땅은 주차장을 빼고 나면 한 가구가 사용할 수 있는 한 개 층의 면적이 8평(26.4㎡) 남짓이었다. 젊은 건축가들은 매일같이 머리를 맞대고 고민을 거듭했다. 네 사람이 원하는 대로 동일한 컨디션이 되려면 도로 쪽으로 두 집의 현관을 내서 기다란 일자형 평면으로 구성해야 했다. 초기 설계안은 좁고 긴 일자형 평면에 반 층 올라가면 다른 공간이 나타나는 스킵플로어 구조*였는데, 이 경우 성인 남자가 양팔을 좌우로 뻗으면 벽과 가구에 부딪히는 상황이라 버릴 수밖에 없는 안이 되었다. 그 뒤로도 여러 번의 설계안이 오고 갔다.

***스킵플로어 구조** 바닥을 반 층씩 높이를 달리해 설계하는 것을 말해요. 건물의 바닥 높이를 일반적인 건물처럼 1층 높이로 올리지 않아서 공간을 더 경제적으로 활용할 수 있는 반면 계단 사용이 빈번해지게 됩니다.

저희 넷이 조율하겠습니다

건축가는 여러 대안을 제안했지만 큰 해결책이 되지 못했고, 네 가족은 애초에 전제조건으로 내세웠던 '동일한 컨디션의 땅콩주택'에서 조금씩 양보하기로 했다. 집을 효율적으로 사용할 수 있는 설계안으로 의견 합의를 본 것이다. 대지 위치가 연희동 안에서도 전용주거지역으로 포함되는 곳이라 건물 사이의 이격거리를 1m로 준수해야 했는데, 이로 인해 생긴 공간에 주 출입로를 만들어서 현관을 내기로 했다. 도로 쪽으로 면한 집은 상윤 씨 부부가, 안쪽에 위치한 집은 상탁 씨 부부가 사용하기로 했다. 이런 땅콩주택은 두 가족 간의 의견 조율과 합의, 관계 설정 과정이 무척 중요하다. 각 집의 프라이버시를 존중하고 또 존중받는 방식에 대한 문제부터 고민해야 하기 때문이다. 주거 공간에는 각 구성원들의 개인적이고 은밀한 공간부터 공동으로 이용하는 공간까지 여러 목적의 방들로 구성되기 마련인데, 땅콩주택은 다른 가족과 외부 공간까지 공유해야 하므로 공간에서 어떻게 마주치고 공존하는지가 큰 이슈가 된다. 다행히도 네 명의 구성원은 서로의 부족한 점을 보완해주면서 평화롭게 집 짓는 과정을 이어갈 수 있었다. 집 이름인 사이당에도 그런 의미를 담았다. '네 명이 지은 두 채의 집'에서 따온 사이당은 한자로는 생각할 사(思), 다를 이(異), 집 당(堂)을 사용하는데 '생각이 남다른 집'을 뜻한다.

좁은 땅을 효율적으로 사용하기 위해 인접한 주택 사이에 주 출입로를 만들고 현관을 냈다.

©황효철

설계노트

데칼코마니처럼 계단을 중심으로 공간을 배치하는 건 어떨까요?

작은 땅에 집 두 채를 지어야 하는 미션은 조장희·원유민 소장으로 하여금 연희동 주택을 더 실용적인 시각에서 설계하도록 몰아붙였다. 연희동 주택의 101호와 102호는 계단을 중심으로 거실과 주방, 침실이 층별로 배치된 데칼코마니 구조에 가깝다. 거실과 주방은 1층에, 침실은 조망이 좋은 2층에 배치했다. 침실 옆에는 작은 방을 하나씩 더 만들었는데, 부부의 취미 생활을 위한 공간이자 미래의 아이 방으로 설계한 것이다. 아파트에 거주하는 사람들이 수평적인 평면에 부실 배치를 하는 것과 달리 수직적인 입면에서 답을 찾은 것으로, 이 집에서 계단이 건축적으로 중요한 장치임이 느껴지는 대목이다. 그들은 101호와 102호의 조망이 동쪽과 서쪽으로 나뉘어 있고 두 집의 배치가 동서로 구분되어 있는 만큼 조망권을 확보할 수 있는 아이디어를 설계 1순위로 보고 그 외의 공간을 중앙으로 모으다 보니 데칼코마니 같은 구성이 탄생했다고 설명한다.

Hitchhiking
Hitchhiking
Hitchhiking
2015

BROWN

아기자기한 취향이 묻어나는

101호 이야기

이상윤·서일 부부가 사는 101호. 2층에는 정갈한 분위기의 부부 침실과 취미 생활 공간이 있다.

캐릭터 피규어 수집을 즐기는

102호 이야기

이상탁·양이슬 부부가 사는 102호. 현관 옆에 아담한 주방이 자리 잡고 있으며, 침실은 2층에 배치했다.

아이디어가 마음에 들지만 저희에겐 수납도 중요해요

상윤 씨 부부와 상탁 씨 부부는 조장희·원유민 소장이 제안한 설계안이 마음에 들었지만 계단이 면적을 크게 차지하므로 공간 활용도 측면에서 괜찮을지 고민스러웠다고 한다. 협소주택에서는 수납이 무척 중요한 이슈라는 데 전적으로 동감해 건축가, 건축주 구분 없이 모두 한마음으로 수납 아이디어를 내곤 했는데, 그들은 다락에서 돌파구를 찾았다. 1.5m 높이의 평다락에 서랍식 수납장을 만들었더니 철 지난 옷이나 자주 사용하지 않는 물건을 정리할 수 있어 고질적인 수납 문제는 일단락됐다. 뿐만 아니라 건축가는 목공 단계에서 자작나무 합판을 이용한 맞춤 가구를 짜 넣어 수납공간을 최대로 확보했는데, 상탁 씨와 이슬 씨 부부의 침실에는 자주 입는 옷과 화장품, 자질구레한 짐을 정리할 수 있도록 칸막이 가구를 제안했고 앞뒤로 이동할 수 있는 천장 고정형 슬라이딩 도어를 달아 공간 활용도를 최대로 높였다.

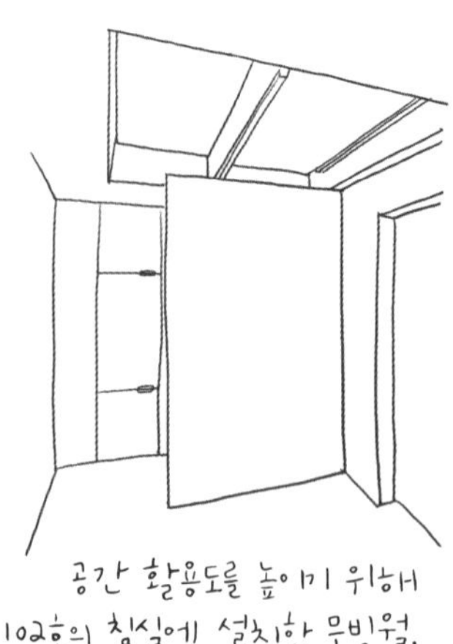

공간 활용도를 높이기 위해
102호의 침실에 설치한 무빙월.

각기 다른 방법으로 옷을 수납하는 101호와 102호.
위는 지하 서재 벽면에 옷장을 짜넣은 102호, 아래는 지하에 드레싱룸 공간을
만들고 체크무늬 천으로 지저분한 모습을 가린 101호의 모습이다.

설계노트

수납이 해결되었으니 옥상에 작은 마당을 만들어드릴게요

1.5m의 높이의 평다락과 그 다락에서 이어지는 조그만 옥상 데크, 두 집이 같이 만날 수 있는 넓은 옥상 마당은 건축가의 위트와 배려가 돋보이는 대목이다. 정원이 없는 주택에 대한 아쉬움, 빽빽한 부실 배치의 답답함을 집의 옥상에서 해소하고자 한 것이다. 대개 집을 짓는 사람들은 마당에 대한 로망이 있기 마련인데, 도시주택의 경우 낮은 용적률과 주차장 마련 문제로 마당을 제대로 확보하기 어려운 것이 현실이다. 제이와이아키텍츠의 두 소장은 일반적으로 기대하는 마당의 역할을 연희동이 한눈에 내려다보이는 전망 좋은 옥상으로 전환시켜 숨 고를 수 있는 공간을 만들어주었다. 옥상에는 2.5m의 높이의 철 난간을 만들었고 철 난간에도 시야를 가리지 않는 창문 프레임을 만들어 여기를 통해서 시원스럽게 외부를 조망할 수 있다. 네 사람은 아담하지만 낭만적인 루프톱 데크에서 종종 바비큐를 즐긴다.

창문 역할을 하는 옥상 난간의 프레임.

이웃집에서 민원을 제기했어요

공사를 하다 보면 예기치 못한 돌발 상황이 발생한다. 생각지도 않은 부분에서 예산이 초과되거나 부득이하게 공사 기간이 늘어나기도 하고, 이웃집에서 민원을 제기하는 불편한 상황도 감내해야 한다. 연희동 주택의 경우엔 다닥다닥 붙어 있는 세 집 모두가 차례로 민원을 제기했는데, 이유는 비슷했다. 창문 위치나 건물 출입 동선에 따른 프라이버시 침해가 걱정된다는 것이었다. 이 민원은 조장희 소장이 시공사 대표와 함께 이웃을 찾아가거나 공사 현장에서 직접 설계안을 설명하는 등 발 벗고 나서서 해결했다. 삼면이 건물에 둘러싸여 있고 건물 자체가 낮은 편이라 이웃집에서 연희동 주택 내부가 보이지 않도록 창문을 천장 가까이 낸다든지, 이웃집의 창이 없는 위치를 골라서 교차 배치했다. 덕분에 다른 집으로 둘러싸여 있음에도 불구하고 독립적인 생활이 가능하다.

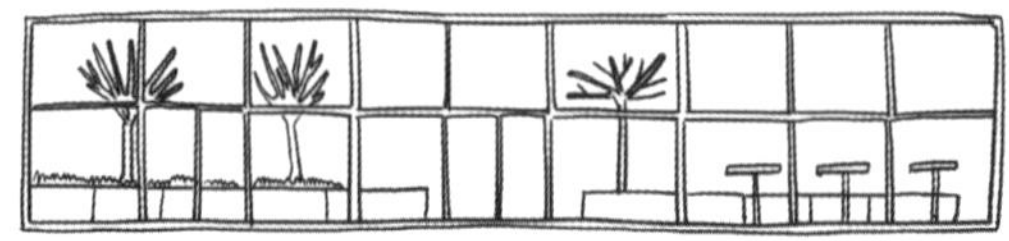

이웃집의 창이 없는 위치를 골라서 교차 배치했다.

연희동 주택 세부정보

Information

가족 가족 4명
규모 지하1층, 지상 2층, 평다락
대지면적 117㎡(제1전용주거지역)
건축면적 58.49㎡
건폐율 49.99%(법정 50%)
연면적 158.92㎡
용적률 94.67%(법정 100%)
총 공사비용 2억9000만 원
총 공사기간 7개월
설계 제이와이아키텍츠
(070-8658-9912, jyarchitects.com)

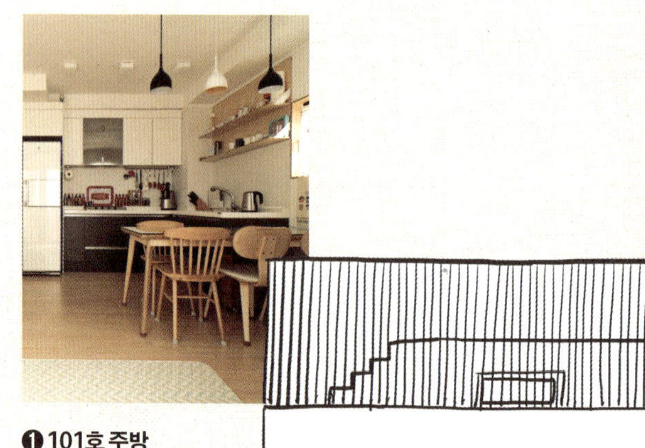

❶ 101호 주방

101호 주방의 한쪽 벽면은 상부장을 없애고 오픈형 나무 선반을 달아 '보이는 수납 공간'으로 활용했다.

❷ 101호 지하

세탁실과 화장실을 하나의 공간으로 꾸몄고 같은 디자인의 철제 캐비닛을 쌓아 수납 가구로 사용했다.

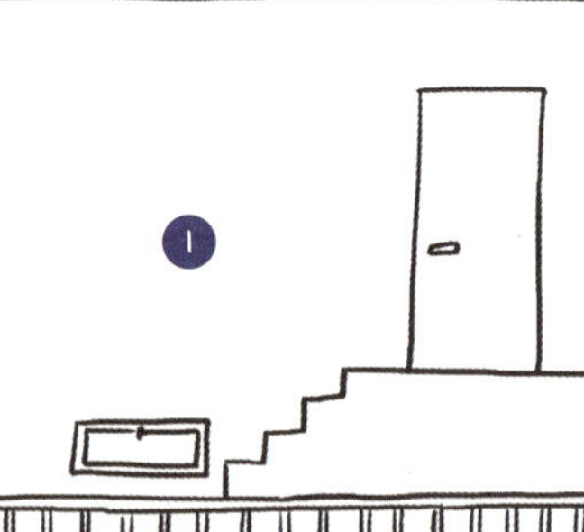

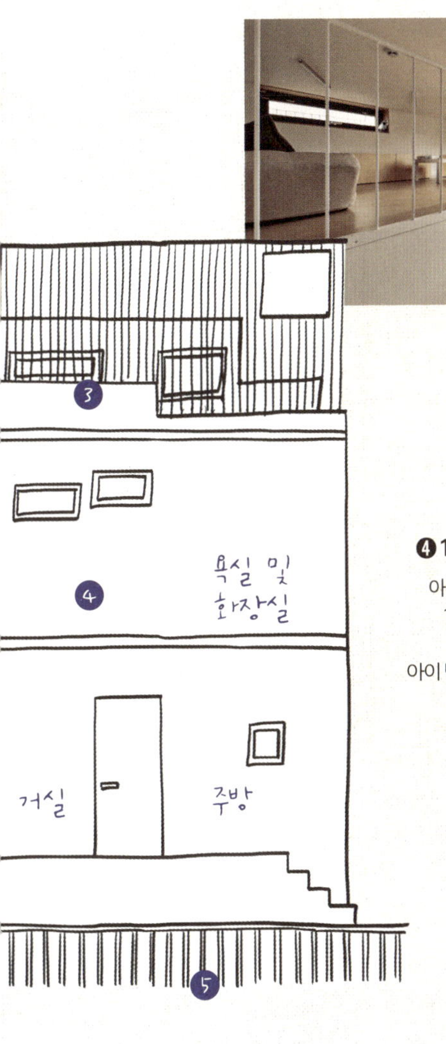

❸ 다락

옥상으로 연결되는
다락에는 서랍식 수납
공간이 숨어 있다.

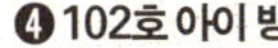

❹ 102호 아이 방

아기 계획이 있던
102호는 2층에
부부 침실과
아이 방을 만들었다.

❺ 102호 지하

101호와는 달리
102호 지하는 천장 높이의
책장과 바 형태의 책상이
있는 서재로 설계했다.

그 후의 이야기

네 사람이 함께 집을 지어 살기 시작한 때부터 우리는 둘도 없는 가족이 이웃이 된 특별한 나날을 즐기고 있어요. 서로 친구처럼 수다 상대가 되어주며 이전보다 더욱 친밀함을 느끼고 있죠. 함께 장을 보고 식재료를 나누고, 옥상에서 고기를 구워 먹으며 대화하는 주말 풍경은 연희동 주택이 가져다준 새로운 일상이자 선물이에요. 그리고 102호 작은 방에 드디어 주인이 생겼어요. 네 사람이 함께 사는 연희동 주택을 '등록 기준지'로 하는 이상탁·양이슬 부부의 2세가 태어난 건데요. 덕분에 식구가 늘어난 사이당은 웃을 일이 더 많아졌답니다. 낯가림 없이 잘 웃고, 사람 좋아하는 인사 요정이 있어 엄마 아빠는 물론, 고모와 고모부까지 들썩이는 나날입니다. 아들이 곧 계단을 오르락내리락 할까 봐 걱정하고, 조카가 102호에서 101호로 심부름 올 날을 손꼽아 기다리는 행복한 순간으로 채워지고 있어요.

03

수유동 집

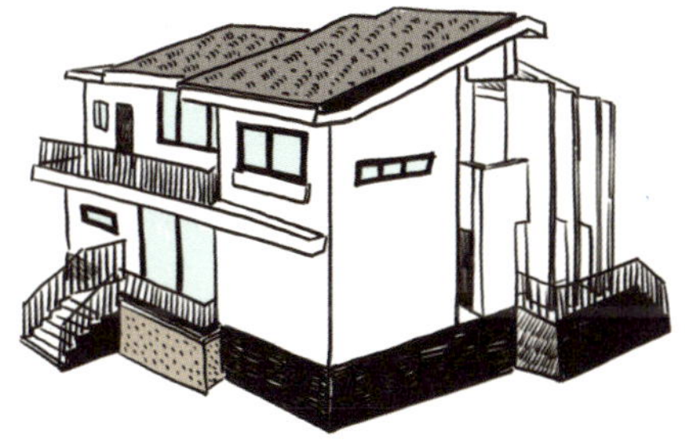

수유동 주택

넓은 벤치형 계단과 나무가 있는 집

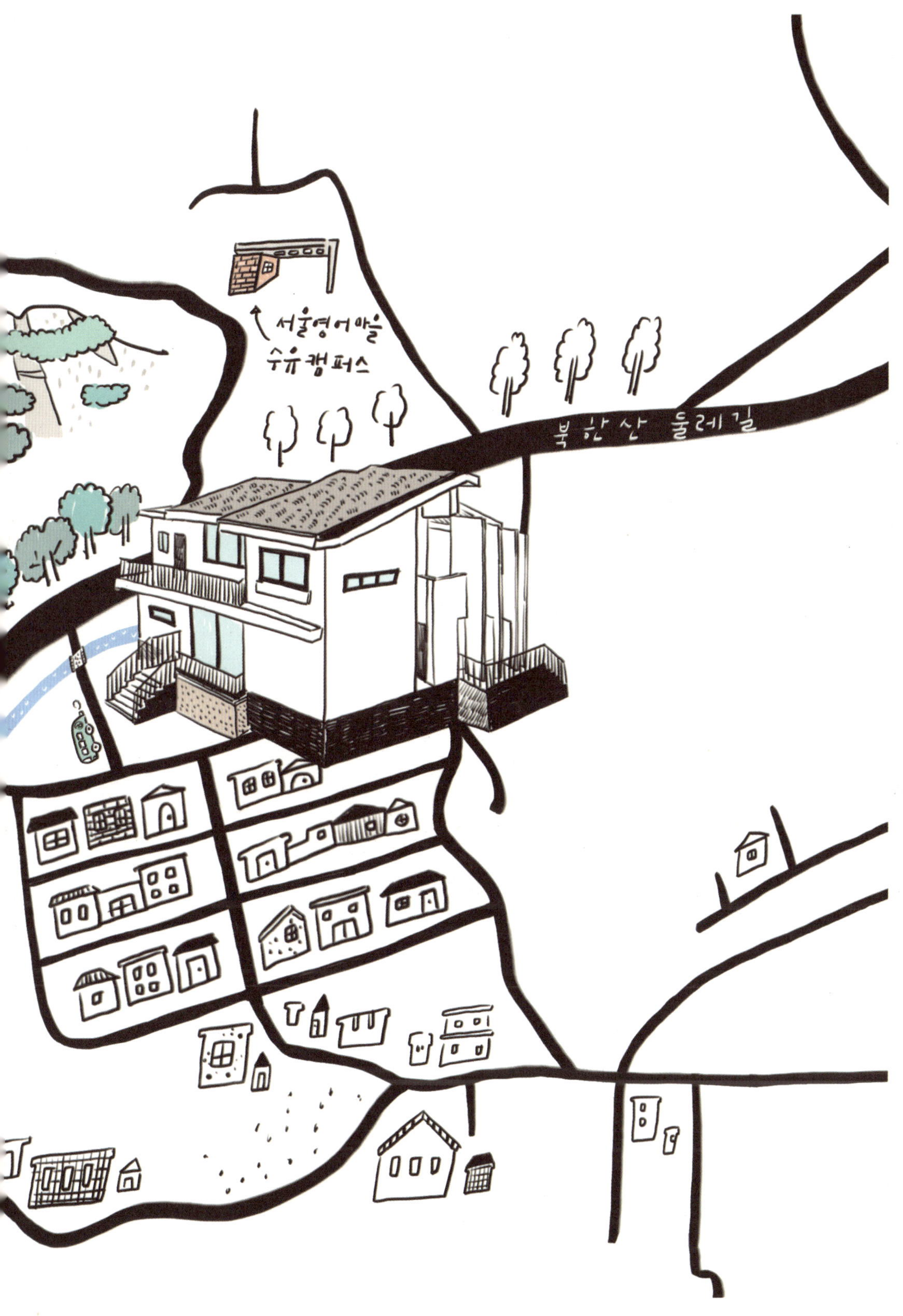
서울영어마을
수유캠퍼스
북한산 둘레길

북한산 국립공원 아래 조용한 마을, 강북구 수유동

강북구 수유동은 북한산에 둘러싸인 산 아래 마을입니다. 그 덕분에 흔히 떠올리는 서울 도심의 풍경과는 다른 분위기가 느껴집니다. 마치 높은 산을 등반하기 전에 거쳐가는 산 아래의 베이스캠프 같다고 할까요? 구름이 낮게 걸린 날이면 동네는 더욱 신비롭고 초자연적인 분위기로 바뀝니다. 그간 잡지에 소개할 집을 촬영하면서 서울 시내의 웬만한 지역은 다 돌아다닌 것 같습니다. 또 서울 근교에 위치한 도시 중에서도 판교나 분당, 용인, 구리, 일산, 양평 등 촬영이 빈번했던 인기 주거지역은 동네 지리나 분위기에 꽤 익숙합니다. 그런데 수유동은 예외였어요. 버티고개와 동대문을 지나면서부터는 낯선 분위기의 길이 펼쳐졌습니다. 평탄하고 넓은 도로가 아닌 작은 고개처럼 경사진 도로를 넘고 보도 밑으로 난 길을 달려 수유동에 다다랐습니다. 내비게이션은 마을버스 한 대가 지나가기에도 비좁아 보이는 도로로 안내했고, 주택과 빌라의 낮은 담장 사잇길을 돌고 돌아 목적지에 도착했습니다.

김성민·최빛나 부부의 집은 건축가가 보여준 사진보다 실제가 오히려 더 비현실적이었어요. 여기가 서울 시내가 맞나 스스로 보면서도 믿기 어려웠을 정도이니까요. 항상 아스라하게 멀리 보이던 북한산이 지나치게 가깝고 선명해져 이상하고 생소한 기분이 들었습니다. 시원스럽게 시야가 뚫려서 북한산의 암벽을 파노라마 필름처럼 감상할 수 있었고, 도로에서는 성미 급한 자동차의 경적소리 대신 삼삼오오 등산객의 낮은 웃음소리가 들렸습니다.

북한산 둘레길을 가로질러 작은 개울을 건너가면 하얀 주택이 보입니다. 가로로 넓은 나무 데크와 집 모퉁이에 일정 간격을 두고 사선으로 세운 하얀 기둥이 눈에 띄는 집입니다. 꽤 넓은 잔디밭은 집의 안쪽에 숨겨져 있어서 실내에 들어서면 또 다른 자연의 풍경이 펼쳐집니다. 건축가도 처음에는 의뢰를 고사했다가 집을 보고 나서 마음을 바꿨다고 합니다. 그리고 도시와 자연의 경계에 있는 하이브리드 주택의 개념을 떠올리게 되죠. 이러한 건축적인 고민 외에도 이 집에는 재미있는 점이 하나 더 있습니다. 건축가 이동욱 소장과 김성민 씨가 의기투합해 만든 1층 공간입니다. 갤러리와 카페를 겸하는 상업 공간으로 설계했는데, 개인적으로는 이 부분에 대한 검증이 필요했습니다. 사람들의 왕래가 적은 곳에 굳이 상업 공간을 만든 이유, 상업 공간이 침해할 수 있는 주거 공간의 프라이버시를 어떻게 보호하면서 두 공간을 분리했는지 살펴보려고 합니다.

지속가능한 주택에 대한 고민

예전에 취재했던 집 이야기를 잠시 해볼까 합니다. 서판교 주택가에 위치한 어느 회장님 댁으로 스펙만 놓고 보면 무척 럭셔리한 집입니다. 운중천 앞에 위치한 3층 주택으로 지하에는 화가이자 안주인의 작업실이 있었고, 내부에는 엘리베이터가 있어 층간 이동이 편리했습니다. 때는 땀이 비 오듯 흐르는 한여름이었는데, 냉방이 잘돼서 피부에 소름이 돋을 정도였어요. 이렇게 에어컨을 틀면 대체 전기세는 얼마나 나올지 궁금했죠. 하지만 돈 얘기를 묻는 게 속물처럼 느껴져서 속으로만 궁금해 하던 찰나, 마치 제 마음을 읽은 것처럼 집주인이 가려운 부분을 살살 긁어주었습니다. 판교로 이사하기 전에 도곡동의 주상복합아파트에 살았는데, 여름에 '시원하게' 에어컨을 틀면 한 달 관리비가 100만 원이 훌쩍 넘게 나오는 것에 질려 주택 콘셉트를 '에너지 제로 하우스'로 잡았다는 내용이었어요. 저의 취재원은 지긋한 연배에 경제적으로 넉넉한 분이셨지만 지금도 버거운 관리비가 은퇴 뒤의 삶에 미칠 영향을 생각하니 에너지 제로 하우스의 실현이 기본 설계보다 더욱 중요한 항목이었다고 해요. 그래서 태양광 발전기를 설치해 한여름에도 전기세를 거의 내지 않는다고 합니다. 초기 설치 비용은 들었지만, 장기적으로 봤을 때는 훨씬 이득이라는 계산을 끝낸 거죠.

에너지 제로 하우스를 만들겠다는 것은 냉방비와 난방비, 전기세 등의 주택 관리비를 줄이겠다는 의미입니다. 모두들 주택은 관리가 어려워서 아파트로 이사한다는 말을 많이 합니다. 또한 주택 관리로 들어가는 돈을 감당할 수 없다는 말도 많이 합니다. 여러 세대에 걸친 한 가족의 삶과 수명을 함께하기 때문에 그동안 매달 지출해야 하는 관리비의 총액은 상당히 큰 금액일 것입니다. 사업과 비교하자면 이 관리비는 곧 운영비가 되는 셈입니다. 운영비가 들지 않는 사업체는 어려운 상황에 닥쳤을 때도 버틸 수 있습니다. 주택 역시 마찬가지죠. 지금 지출하는 관리비가 노후에 큰 부담으로 작용한다면, 계속 거주할 순 없겠죠. 지속적으로 부담 없이 운영할 수 있어야 합니다.

그래서 제가 말하고 싶은 요지는 바로 이것입니다. 지속가능한 주택일 것! 수유동 주택은 다른 관점에서 주택의 지속가능성에 대해 치열하게 고민한 집입니다. 이 집을 설계한 이동욱 소장은 젊은 건축가로 옥인동의 상가 주택, 삼청동의 갤러리 리노베이션 등을 진행한 경험이 있고, 도시주택이야말로 자생적으로 관리 및 운영이 가능해야 한다는 소신을 가지고 있었습니다. 주택 한 켠을 상가로 내주면 임대 수익으로 자생할 수 있는 경제력이 생기게 됩니다. 성민 씨가 갤러리를 겸한 집을 짓고 싶다고 했을 때 이동욱 소장이 반색했던 이유가 바로 여기에 있습니다. 집 입구의 길쭉한 나무 데크(길 가던 사람들이 쉬어갈 수 있는 공원 벤치처럼 보입니다)나 벽을 모조리 터서 만든 오픈형 갤러리 공간은 사람들의 왕래가 자유롭도록 개방적으로 설계한 것입니다. 뿐만 아니라 훗날 카페로도 운영할 수 있게 만들었습니다. 여기에 카페를 오픈하면 경제적으로 얼마나 이득이냐고요? 그건 아무도 알지 못합니다. 저도 개인적으로는 의문이 들긴 했습니다만, 성민 씨 말에 따르면 원래 이 주택 1층이 카페였다고 합니다. 수유동의 동네 주민들이 꾸린 마을 공동체의 사무실 및 카페로 이용되었다고 해요. 그리고 작은 다리만 건너면 북한산 둘레길이니 카페를 운영해볼 만하다고 하는군요.

신축 같은, 구옥 개축

수유동 주택은 참 여러 가지로 제 예상을 빗나간 집입니다. 촬영 전 건축가 인터뷰에서 수유동 주택은 신축이 아닌 개축이라는 이야기를 듣고 깜짝 놀랐습니다. 사진 속의 수유동 주택은 어딜 봐도 예전 모습이 남아 있지 않았거든요. 요즘은 구옥을 사서 개축하는 경우가 많은데, 그런 경우에는 지붕이나 외벽 같은 마감재를 그대로 살리기 때문에 사진만 봐도 쉽게 판별할 수가 있습니다. 때로는 창호를 보고 알게 되는 경우도 있죠. 주택에도 유행이 있는지라 살짝 촌스러운 건축 자재, 또는 미감이 없는 우스꽝스러운 비율을 보면 누구라도 금세 눈치 챌 수 있는 부분입니다. 그런데 이 수유동 주택의 외관은 건축적인 파사드*에 창호의 비율까지도 참 적당했어요. 건축가의 의도가 요란하지도 않았고 주위 환경과도 잘 어울리는 미니멀한 집이었습니다.

건축가는 신축하다시피 한 집이라고 이야기합니다. 어떤 경우에 개축하는 것이 유리하고, 어떤 경우에 철거하고 새로 짓는 것이 나은 걸까요? 고민해볼 만한 이슈입니다. 앞서 소개한 연희동 주택은 폐가처럼 낡아서 철거 외엔 다른 대안이 없었다고 했습니다. 성민 씨는 다른 이유로 처음부터 개축을 염두에 두고 있었다고 합니다. 수유동 일대의 주택 관련 법규가 완화되면서 재건축 시 용적률이 더 늘어나는 상황이라 개축을 선택했다고 하는데요. 앞뒤가 안 맞는, 다소 이상한 이유죠. 대부분, 아니 거의가 이런 경우에는 신축을 감행하니까요. 자고로 집은 좁은 것보다 넓을 때 쓸모가 많은 법 아니겠습니까? 성민 씨의 어머니는 집을 새로 지을 거라면 차라리 다세대 빌라를 짓자고 하셨고, 성민 씨는 원래의 수유동 주택이 지닌 여유로운 분위기를 지키고 싶었기 때문에 개축 외에는 다른 대안이 없었다고 합니다.

도시주택은 지가가 비싸기 때문에 무리하지 않는 예산 안에서 최대한 넓은 집을 구하는 것이 관건입니다. 그렇기 때문에 집을 살 때 행정구역의 주택 관련 법규를 확인하는 과정이 꼭 필요합니다. 대부분은 건축 규제가 엄격해지면서 집 앞 도로나 사선 규제(지금은 사라진) 때문에 신축 시 연면적이 줄어드는 경우가 많거든요. 또 신축과 개축을 임의로 결정하기 전에 건축물대장 등의 서류를 떼서 어떤 경우에 집을 더 넓게 쓸 수 있는지를 파악하는 것이 좋아요. 자 이제 집 구경으로 넘어가볼까요?

*파사드 건축물의 주된 출입구가 있는 정면을 말해요. 건축물의 첫인상을 결정하는 중요한 부분이죠.

아내 빛나 씨가 둘째를 임신하자 남편 성민 씨는 자신이 나고 자란 수유동 주택으로 돌아갈 마음을 굳혔다. 강남의 회사까지는 출퇴근 시간만 한 시간이 넘게 걸렸지만, 아내와 두 아들에게는 수유동 주택이 더 좋은 주거 환경이라고 생각했기 때문이다. 무조건 개축일 것, 1층에는 갤러리로 사용할 수 있는 상업 공간을 만들 것, 주거 공간은 완벽하게 프라이버시를 보호받을 것. 성민 씨가 그린 큰 그림은 여러 건축가와 인테리어 디자이너에게 퇴자를 맞았지만 운명처럼 만난 IVAAIU City의 이동욱 소장은 반색하며 그의 꿈을 이뤄주었다.

우리 수유동으로 돌아가자

김성민·최빛나 부부는 올해로 결혼 9년 차에 접어들었다. 청담동 주택에 딸린 복층 원룸형 별채를 신혼집으로 얻어 그사이 큰아들이 태어났고, 빛나 씨가 둘째를 임신하면서 집이 비좁게 느껴질 무렵 부부는 성민 씨가 초등학교부터 중학교까지 유소년 시절을 보낸 수유동 주택으로 돌아갈 마음을 굳혔다. 주변 시세에 비해 월등히 싼 월세와 외국식으로 카펫이 깔려 있는 바닥, 지하가 더 넓은 독특한 구조의 신혼집을 떠나기엔 아쉬움이 컸지만, 두 아들이 신나게 뛰어놀 수 있는 집을 만들어주고 싶어 내린 결정이었다. 수유동 주택은 그간 카페 겸 오피스로 세를 주고 있었다. 김성민 씨는 수유동 주택을 '창문이 많고, 겨울에는 무척 추웠던 집'으로 기억한다. 빨간 벽돌을 쌓아서 만든 서른 살 구옥은 1, 2층에 각각 주방이 있었고 벽이 많아 어린 소년이 숨바꼭질할 만큼 작은 방도 여럿이었다. 성민 씨가 쓰던 2층의 방 앞에는 가파른 계단이 있었다. 어린 소년의 눈에 한없이 크고 좋았지만 춥고 불편했던 집으로, 이제 두 아이와 아내를 둔 가장이 되어 돌아오게 된 것이다.

최소한의 예산으로 근사한 집을 지어줄 건축가를 구합니다

김성민 씨가 이사를 결심하고 먼저 했던 일은 집을 고쳐줄 사람을 찾는 것이었다. 집을 보수해서 이사할 계획으로 인터넷을 뒤져보고 주위에서 추천한 인테리어 디자이너를 만나고, 건축사무소에도 들렀다. 벽을 허물어서 공간을 넓게 쓰고 싶다는 말에 누구 할 것 없이 철거와 안전 진단 비용을 거론하며 고개를 절레절레 흔들었다. 실망이 계속되던 무렵에 어느 갤러리의 오프닝 파티에서 한 건축가를 만났다. 수염을 기르고 음악을 연주하던 젊은 건축가, IVAAIU City의 이동욱 소장이었다. 건축뿐만 아니라 건축물 내부를 풍성하게 채우는 '사운드의 경험'을 중요하게 생각하는 이동욱 소장과 음악 관련 업계에 종사하는 성민 씨는 마음과 마음이 통했다. 성민 씨에게 음악에 대한 공감대를 형성할 수 있는 건축가와의 만남은 모든 것이 통하는 것과 같았고, 이동욱 소장은 수유동 주택을 직접 본 뒤에 흥미를 느끼고 애초의 결정을 번복해 개축 작업에 참여하기로 했다.

음악이라는 공통분모로 의기투합해 집 짓는 과정을
즐겁게 이어간 건축가와 건축주.

설계노트

갤러리를 겸한 주택이라면 제가 설계하겠습니다

건축가의 전작을 살펴보면 그 건축가의 성향을 알 수 있다. 서촌 옥인동에 있는 젊은 부부의 한옥집은 1층에 작은 숍을 둔 주거와 상업 공간의 복합 형태로 이동욱 소장이 이상적으로 생각하는 도시주택을 구체화시킨 모델이다. 도시주택이 없어지지 않고 계속 살아남으려면 그 자체로 수익을 창출해 운영할 수 있어야 한다는 것이 그의 생각이다. 에너지 제로 하우스가 주택의 단점으로 손꼽히는 높은 유지비에 대한 개선안이라고 한다면, 임대 수익이 발생하는 주택은 지속가능한 도시주택의 새로운 모델이 될 수 있다고 생각하기 때문이다. 성민 씨 역시 1층을 갤러리 겸 카페로 사용할 계획이 있었던 터라 건축가와 건축주는 의기투합해 즐겁게 집을 지을 수 있었는데, 건축가는 이를 건축주가 전적으로 자신의 제안을 수용해준 덕분이라고 말한다.

지속가능한 도시주택을 위해 주택 1층은 갤러리 겸 카페로 설계했다.

헐지 말고, 무조건 리노베이션을 원해요

성민 씨는 자신이 어린 시절을 보낸 수유동 주택의 여유로운 분위기와 1980년대에 지어진 구옥의 구조를 지키고 싶었다. 신축하면 더 넓게 집을 지을 수 있었지만, 출퇴근 시간이 한 시간도 넘게 걸리는 수유동으로 돌아오기로 한 것은 아이들이 즐겁게 뛰어놀 수 있는 터전을 마련하기 위함이었으니 큰 욕심을 내고 싶지 않았다. 단, 작은 방 여러 개와 주방이 있던 1층은 벽을 모두 쳐내는 철거 공사가 필수였고, 단열 문제에 대한 해결책도 시급했다.

2층으로 올라가는 계단. 아늑한 천장 마감은 원래의 나무쪽을 하얗게 칠한 것이다.

설계노트

1층 벽은 모두 헐고 철제 빔을 설치해 구조를 보강하겠습니다

이동욱 소장은 1층의 벽을 모두 헐어 개방감이 있는 갤러리 공간으로 만드는 동시에 천장과 벽에 철제 빔을 설치해 구조를 보강했다. 주택 정면에는 데크로 만든 계단을 설치해 갤러리 방문객이 오가며 쉬어갈 수 있는 벤치 기능을 겸하도록 했다. 2층의 부실 배치는 기존 상태를 유지하되 겨울에도 따뜻하고 안락하게 생활할 수 있도록 유리창의 크기는 줄이고 재배치하는 등 단열을 보강하는 데 주안점을 뒀다. 침실의 전창은 가로로 긴 띠창으로 바꾸고, 거실 창문은 반창으로 사이즈를 줄인 결과 채광은 충분히 확보하면서도 유리 마감의 면적을 줄인 덕분에 더욱 아늑해졌다. 거실 천장은 기존의 나무쪽을 그대로 사용하면서 흰색으로 페인트칠해 변화를 주었고, 천장 조명은 나무쪽 안에 삽입하는 형태로 디자인했다. 또한 천장과 벽을 조금씩 확장해 일자 벽으로 만들어 가구 배치가 수월하도록 공간 활용도를 높였다.

1층의 갤러리는
아내가 운영할 계획입니다

집의 용도와 개축에 대한 큰 그림은 공유하고 있었고, 건축가의 제안을 건축주가 너그럽게 포용했기 때문에 두 사람이 주고받은 디테일한 요구사항은 사실 별 다를 것이 없었다. 대부분은 성민 씨가 아내와 아이들을 위해 주문하는 내용이었다. 아내가 선호하는 건물의 이미지, 아이들이 안전하고 재미있게 놀 수 있는 공간, 서로 편안하게 소통할 수 있는 공간 배치뿐 아니라 아내와 아이들이 불편하지 않게 프라이버시 보호도 더욱 신경을 써 달라는 것. 이 숙제에 대한 건축가의 답은 다음과 같다.

다이닝 공간에서 갤러리 주방으로 통하는 문, 갤러리에서 집으로 연결되는 문.
집과 갤러리는 두 개의 문으로 구분되어 있다.

설계노트

두 개의 문으로
집과 갤러리를 구분하겠습니다

단독주택이 주거와 상업 공간의 목적을 겸하려면, 거주하는 사람의 프라이버시 확보가 전제조건이 되어야 한다. 이동욱 소장은 두 개의 문으로 집과 갤러리를 분할하는 설계도를 그렸다. 첫 번째 문은 현관으로 들어서면 오른편에 위치하고 있다. 문을 열고 신발장을 지나면 계단과 식탁이 있는 다이닝 룸이 보이며, 다이닝 룸 안의 계단을 통해서만 가족의 주생활 공간인 2층으로 올라갈 수 있다. 다른 문 하나는 갤러리의 주방과 다이닝 공간 사이에 있기 때문에 이 문을 닫으면 가족의 독립적인 다이닝 룸이 생긴다. 두 개의 여닫이문으로 가족들의 프라이버시는 완벽하게 보호되며, 흘깃 보아도 집 안 내부를 전혀 볼 수 없게 되어 있는 ㄱ자형 계단 덕분에 심리적인 프라이버시 역시 완벽하게 보호된다. 그뿐만 아니라 건축가는 집 앞에 위치한 노인 병원으로부터의 시각적인 독립을 위해서 사선으로 된 파사드 월을 설치했다. 이 구조물은 각도에 따라 외부에서는 내부가 전혀 보이지 않고, 내부에서는 외부를 조망할 수 있게 되어 있다. 덕분에 성민 씨는 2층 테라스에서 누구의 방해도 받지 않고, 개울가에서 물이 흐르는 소리를 배경 음악 삼아 책을 보거나 또 다른 음악을 듣는 등의 여유 시간을 보낼 수 있게 되었다. 실제로도 집에서 제일 좋아하는 공간으로 손꼽는 곳이다.

가로로 긴 띠창을 만들어 따뜻한 공기의 손실을 줄인 침실.

CITY
6-12

2층 테라스로 연결되는 복도. 성민 씨가 수집한 LP가 복도 끝 선반에 정리되어 있다.

주택 외부는 편하게 개보수할 수 있도록 만들어주세요

주택 외장재는 집의 외형만큼이나 중요한 첫인상을 만들고 강력한 아이덴티티를 부여한다. 그만큼 신중할 필요가 있는 선택이다. 예를 들어 수유동 주택의 외장재가 내후성 강판(코르텐강이라고도 부르는 외장재로 강판에 녹이 슬면서 특유의 멋을 낸다)이라면 지금과는 정말 다른 이미지일 것이다. 범접하기 어려운 모던한 건축물처럼 보였을 것이고, 압도적인 무게감을 발산해 주위의 집과 어울리기 힘들었을 것이다. 빛나 씨는 시간이 흘러 집이 세월의 더께를 입어도 다시 새것처럼 개보수할 수 있기를 바랐다. 또한 미니멀한 외관을 선호한다는 개인의 취향도 덧붙였다.

설계노트

저의 건축적인 결론 역시 매끈한 화이트 미장입니다

이동욱 소장 역시 매끈한 화이트 미장이야말로 건물의 형태가 잘 드러나면서도 주위의 오래된 빌라와 주택 사이에서 이질감을 조성하지 않는 방법이라는 건축적인 결론에 도달해, 붉은 벽돌 위에 시멘트를 한 번 바른 뒤 페인트를 칠하는 방법을 선택했다. 건축가와 건축주 사이에 이처럼 이견 없이 의견 소통이 잘되는 경우도 드물 정도. 단, 공사가 가을과 겨울 사이에 진행되는 바람에 온도와 습도가 일정치 않아 여러 번 재시공해야 하는 어려움이 뒤따랐다는 것은 이제는 웃으며 말할 수 있는 후일담이 되었다.

수유동 주택 세부정보

Information

가족 가족 4명
규모 지상 2층
대지면적 261㎡(제1종 일반주거지역)
건축면적 137.36㎡
건폐율 53%(법정 60%)
연면적 182.34㎡
용적률 70%(법정 200%)
총 공사비용 1억 원
총 공사기간 2개월
설계 IVAAIU City
(02-733-1307, ivaaiu.com)

❶ 다이닝 룸

현관과 주방 사이에 있는 두 개의 검은 문 안에는 아늑한 다이닝 공간이 마련돼 있다.

❷ 주방

갤러리 카페에 만든 주방에는 정원을 바라보는 가로 띠창을 냈고, 상부장 및 코너장을 설치해 알차게 수납 공간으로 활용했다.

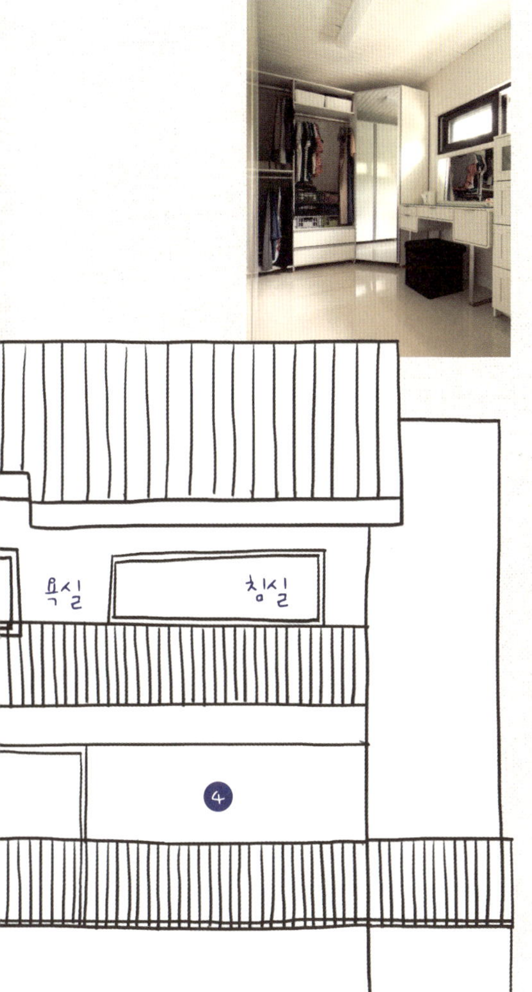

❸ 드레싱 룸

테라스로 나가는
복도의 끝에 위치한
드레싱 룸에도
채광을 위한 가로
띠창을 만들었다.

❹ 카페 경계선

1층의 벽과 방을 모두 없애고 H빔으로
내부를 보강한 뒤 만든 갤러리 겸
카페 공간은 애견도 출입이 가능하다.

복잡한 법률 정보는 어디서 확인해요?

작가에게 묻다

집을 짓기 전에 확인해야 할 가장 중요한 것이 있죠. 바로 법규입니다. 집을 지을 대지를 사건, 혹은 소유하고 있는 집을 철거하고 다시 짓건, 모든 건축적인 행위는 법규의 제한을 받습니다. 바로 국토의 계획 및 이용에 관한 법률에 기준하게 되는데요. 이 법률에 따라 지역, 지구가 정해지고 건폐율 및 용적률도 정해집니다.

서울 시내에 짓는 주택은 모두 도시지역에 해당하니 같은 행정구역 안에서도 전용주거지역인지 일반주거지역인지, 제1종인지 제2종인지를 확인하는 과정이 필요해요. 예를 들어 약 30평의 대지를 샀다고 가정하면, 단독주택을 주로 짓는 전용주거지역의 경우 건폐율 50%를 초과할 수 없기 때문에 1층 면적이 15평 이내여야 합니다. 일반주거지역의 경우는 건폐율 60%로 규정하고 있으므로 1층 면적은 18평까지 약 3평 정도를 더 활용할 수 있는 셈입니다. 이 지역 기준에 따라 용적률도 달라지므로 주택 연면적을 얼마나 확보할 수 있는지 달라지게 돼요. 이런 정보를 한눈에 확인할 수 있는 사이트가 있다면, 큰 도움이 되겠죠?

바로 토지이용규제정보서비스(luris.molit.go.kr)에서 가능합니다. 주소를 입력하면 지도와 함께 건폐율 및 용적률, 지목, 면적과 국토의 계획 및 이용에 관한 법률에 따라 지역 지구 등이 어떻게 지정되어 있는지, 대지 이용을 제한하고 있는 다른 법령은 무엇인지 확인할 수 있습니다. 애매모호한 정보를 보다 정확하게 확인하고 싶을 때는 관할 부서와 통화할 수 있도록 전화번호도 안내하고 있어요. 또한 건축법은 지자치 조례에 따라 각기 다르게 적용할 수 있는데요. 수유동은 신축할 경우 지자체 조례에 따라 완화된 용적률을 적용받을 수 있었지만, 예전의 주택 분위기를 유지하고 싶었던 건축주의 의견대로 개축을 진행한 경우였어요.

해당 지역의 조례는 국가법령정보센터(www.law.go.kr)나 행정안전부의 자치법규정보시스템(www.elis.go.kr)에 접속하여 검색할 수 있습니다. 또한 단독주택을 건축하는 과정에서 숙지해야 할 법령 정보는 찾기 쉬운 생활법령정보(www.easylaw.go.kr)에 일목요연하게 정리되어 있는데요. 부지 선정부터 설계 시 검토해야 할 사항(일조 등의 확보를 위한 주택 높이 제한, 대지 조경, 부설주차장 설치 등), 허가 및 신고, 착공 및 공사 감리 단계에서 알아야 할 법령을 100문 100답과 함께 친절하게 알려주고 있어요. 특히 신재생에너지설비를 주택에 설치할 경우 설치비 일부를 정부가 지원하는 주택 지원 사업 등의 유용한 내용도 확인할 수 있으니, 예비 건축주라면 꼭 한 번 짚어볼 것을 권합니다.

그 후의 이야기

애초에 1층은 상업적인 목적의 갤러리 카페로 설계했는데, 공간의 운영 계획에 대한 고민으로 많은 시간을 보내 오픈이 늦어졌어요. 같은 시기에 더 좋은 입지조건을 가진 카페들이 문을 열면서 '우리가 잘할 수 있을지'에 대한 걱정도 있었고요. 그래서 오픈 전에 뮤지션들의 워크숍이나 지인들과의 바비큐 파티, 뮤직비디오 촬영지 대관 등으로 몇 가지 실험을 했는데요. 이런 경험을 통해 사람들이 이 집의 어떤 부분을 좋아하는지, 마당을 어떻게 이용하는지, 문제점은 무엇인지 파악할 수 있었어요. 건축가가 이미 훌륭한 하드웨어를 제공해준 점에 대해 감사하고요. 카페 공간의 이름은 '경계선'이라고 붙였습니다. 애견을 동반할 수 있는 카페라 벌써 잔디가 망가졌는데, 어떤 식으로 보수할지는 고민 중입니다. 그 외 지금까지 큰 문제를 만난 적은 없고요. 많은 분들이 모기를 걱정하는데, 살아보니 여름에 해가 지고 나면 모기가 없어서 야외 활동이 오히려 자유롭습니다.

04

한남동 집

한남동 주택

작은 문구숍이 있는 사무실 겸 집

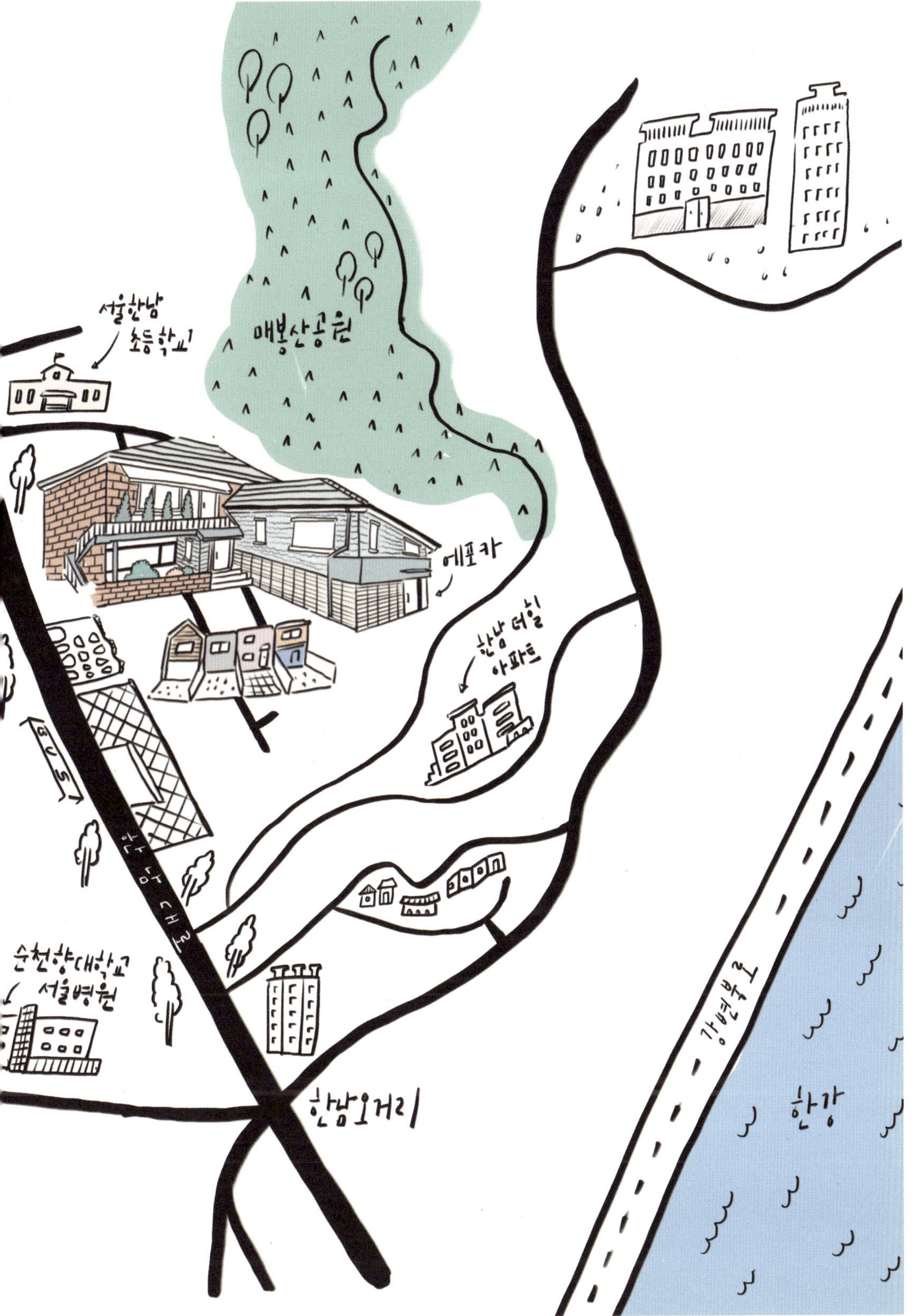

매봉산공원
서울한남
초등학교
에포카
한남 더힐
아파트
BUS
한남대로
순천향대학교
서울병원
한남오거리
강변북로
한강

도로를 경계로 팔색조 같은 매력을 간직한 동네, 용산구 한남동

용산구 한남동은 요즘 가장 힙한 동네입니다. 주말이면 젊은 연인들로 복닥거리는 남산 앞 경리단길, 작은 공방과 작업실, 카페가 들어서고 있는 북한남동, 미로처럼 복잡하지만 찾아가는 재미가 있는 한강진역 뒤의 골목길, 여름이면 녹음이 울창하고 가을이면 노란 은행잎이 거리를 물들이는 유엔빌리지 앞길까지 행정구역상 한남동으로 묶여 있는 이 동네는 팔색조처럼 다양한 매력을 간직하고 있습니다. 트렌디한 레스토랑부터 엄청난 내공의 숨은 맛집, 크고 작은 상점과 개성 넘치는 작업실과 공방이 모여 한남동의 자유로운 풍경을 만들어냅니다. 재미있는 것은 한남동을 가로지르는 차도와 이면도로를 경계로 분위기가 확연히 달라진다는 것이죠.

북한남동도 얼마 전까지는 지금의 활기찬 분위기가 어색할 정도로 조용하고 평화로운 산 밑의 마을이었습니다. 바다에 떠 있는 섬 같았죠. 이 마을에 새로운 건물이 올라가는 과정을 지켜보는 것이 꽤 재미있었습니다. 낡은 다세대주택 1층이 맞춤복 공방으로 바뀌고, 빵 냄새 폴폴 풍기는 베이커리 카페가 되었습니다. 주차장을 개조해 작은 공방과 디자인 사무실이 입주했고요. 대부분의 공간은 주변과 어우러질 뿐만 아니라 주변의 골목길이 더 아름답고 환해지도록 성냥 같은 역할을 해줬습니다. 반면 멋없는 상가주택도 받아들여야만 했습니다. 건축적인 아이덴티티는 강하지만 주변 환경과 이질적인 주택도 모습을 드러냈죠.

눈치 빠른 분이라면 알아챘겠지만 전 유아독존처럼 혼자만 튀는 건물을 좋아하지 않습니다. 주변 환경과 자연스럽게 조화를 이루면서 미적 분위기를 끌어올려주는 건물 설계가 더 멋진 방식이라고 생각하거든요. 주택은 건축적인 실험보다 섬세한 배려가 중요한 공간이니까요. 특히 낡고 오래된 주택이 많은 동네에는 더욱 필요한 배려죠.

지금 소개할 한남동 주택은 성냥 같은 집입니다. 대수선 공사를 거쳤지만 골목길과 오랜 시간 함께한 듯 조화를 이룹니다. 잘난 척하거나 으스대는 모습 없이 기품이 있습니다. 재미있는 것은 성격이 다른 두 개의 사무실과 하나의 숍, 집이 한 지붕 아래 동거(?)하고 있다는 점입니다. 남편과 아내의 사무실, 스테이셔너리 편집숍, 부부의 주거 공간까지 각양각색의 네 공간이지요.

이들 부부는 저와도 인연이 있습니다. 남편인 김태희 씨는 스테이셔너리 편집숍 에포카를 운영하고 있는데요. 이전에는 파펠 스테이셔너리라는 이름으로 한남오거리에서 작은 숍을 운영한 적이 있습니다. 지금처럼 디자인 문구류가 다양하지 않을 때여서 제 주변에는 파펠 스테이셔너리에서 수첩과 볼펜을 왕창 구입하는 문구 덕후들이 꽤나 많았습니다. 아내 이세인 씨는 인테리어 디자이너예요. 가로수길의 터줏대감이자 제가 개인적으로 애정하는 카페 코발트의 인테리어도 그녀 솜씨고, 초창기 폴바셋의 매장 인테리어도 모두 그녀의 손길을 거쳤답니다. 겉은 근사하지만 왠지 낯설고 불편한 공간은 이세인 씨의 디자인 철학과 맞지 않습니다. 오래 산 것처럼 자연스럽고 깊이가 있는 공간을 선호하죠. 집은 많은 것이 시작되는 공간입니다. 누군가의 꿈이 시작되고, 인생을 책으로 비유하면 새로운 챕터가 열리는 장소이지요. 부부의 꿈이 시작되는 장소로 이제 가볼까 합니다.

증축을 거쳐 기형적인 구조가 된 서른다섯 살 주택

김태희 씨가 전화로 알려준 위치는 생각보다 손쉽게 찾아갈 수 있었습니다. 초등학교를 지나 조금의 공간이라도 낭비할 수 없다는 듯 촘촘하게 지어진 빌라 골목길 사이를 지나가니 갑자기 시야가 트이면서 전신주 뒤로 낮고 아담한 숍 하나가 모습을 드러냈거든요. 바로 에포카. 오늘의 인터뷰이인 남편 김태희 씨가 운영하는 스테이셔너리 편집숍입니다. 저도 이사를 앞두고 집을 구하면서 이 골목길을 오간 적이 있어서, 집의 예전 모습을 기억합니다. 커다란 대추나무가 집 입구를 가리고 있어서 어둡고 칙칙한 느낌이 강하게 들었던 곳이죠. 아름드리 대추나무를 베어낸 것은 아쉽지만 집이 환한 얼굴을 드러낸 느낌입니다. 원래 이 집은 촌스러운 벽난로가 있고 나무쪽으로 천장을 마감한 전형적인 1980년대 주택이었다고 해요. 벽난로와 나무 천장이라니 그 당시에도 보통의 집보다는 훨씬 화려하고 돈을 많이 들여 지었다는 걸 쉽게 짐작할 수 있습니다. 재미있는 것은 높이가 다른 두 개의 지붕이 맞붙어 있는 점과 외부 마감재가 다른 걸로 보아 분명 이 주택은 시간차를 두고 지은 다음 내부를 터서 넓게 사용한 것으로 추측했던 저의 짐작이 완전 틀렸다는 것입니다.

어찌 되었건 그 덕분에 재미있는 구조가 탄생합니다. 작은 집에서 공간을 활용하기 위한 방식으로 많이 사용하는 스킵플로어 구조(중층 구조, 이 책에서는 이화동 주택이 스킵플로어 구조를 제대로 보여주고 있어요)는 아니면서 반 층만 올라가면 다른 공간이 나타나거든요. 반지하 층엔 에포카 숍이, 1층에는 에포카의 사무실과 공용 회의실 및 주방이 위치하고 있어요. 여기서 반 층 올라가면 아내 이세인 씨가 일하는 뮤디자인 사무실이 있고, 또 반 층 올라가면 두 사람의 집에 도착하죠. 엄밀히 말하면 중층 구조는 아니지만 높이가 다른 두 개의 집이 내부를 터서 계단으로 연결된 덕분에 신기한 구조가 된 것입니다. 게다가 박공지붕* 이 주는 아늑함과 그 공간적인 특성을 집과 뮤디자인의 사무실 각각에서 즐길 수 있다는 것이 특징이에요. 저를 즐겁게 하는 주택의 묘미는 바로 이런 포인트입니다. 흔하고 전형적인 스리룸의 형태와 구조에서는 많이 벗어난 기형적인 구조가 주는 재미가 있거든요. 조금만 서 있는 위치를 달리 해도 집 안 내부의 풍경이 달라지고 공기의 밀도가 달라지는 느낌이 인상적이었어요.

***박공지붕** 박공지붕은 지붕 양쪽이 경사진 모양을 말해요. 책을 펼쳐서 엎어놓은 모양이라 지붕 아래 삼각 모양의 공간이 생겨요.

박공지붕 아래 작은 집

한남동 주택은 이 책에서 다룬 집 중에 가장 큰 집입니다. 수유동 주택은 정원이 넓으니 건물 면적으로 비교했을 때 한남동 주택이 가장 크고, 매매가도 가장 높습니다. 현실적인 주택을 소개하는《도시주택산책》에서 이 집을 취재하기로 결심했던 이유는 각각의 사무실을 운영하는 부부가 지출하는 월세로 마련할 수 있는 합리적인 주거 공간이라고 판단했기 때문입니다. 실제로 뮤디자인의 사무실과 에포카의 사무실, 에포카 쇼룸 및 공용 회의실 및 주방을 제외하고 부부가 주거용으로 사용하는 공간은 채 약 20평(66㎡)이 되지 않습니다. 약 15~16평(50~52㎡)에 불과하죠. 거실 하나, 침실 하나가 전부입니다. 드레싱 룸은 침실에 딸려 있고, 주방은 두 사람이 서서 요리하기엔 비좁습니다. 그리고 주방 바로 뒤에는 욕실 겸 화장실이 위치하고 있어서 일반적인 사람의 시선에서 바라봤을 때는 고개를 갸웃거릴 수도 있습니다. '주방 바로 뒤에 화장실이 있다고?' 하고 말이죠. 주부라면 수납공간을 걱정할 수도 있을 거고요. 고백하자면 제가 이 집을 둘러보면서 궁금했던 두 가지 포인트입니다. 우선 이 걱정거리를 해소하고 넘어가자면, 이세인 씨는 집의 높은 천장고에서 해결책을 찾았습니다. 화장실 위에 가벽의 천장을 만들고 그 위로 수납할 수 있는 공간을 마련했다고 해요. 욕실 천장보다 벽을 더 높게 세운 덕분에 수납한 짐이 잘 보이지 않죠. 그리고 복도 안쪽으로는 모두 수납공간을 짜고 마치 벽처럼 보이게 마법을 부렸습니다. 주로 아래층 공용 공간의 주방을 이용하는 터라 집의 주방은 작게 디자인했고, 요리할 일이 많지 않으니 화장실과 붙어 있는 것도 그들에겐 중요한 문제가 아닌 셈이죠.

저는 이 작은 집에 깊은 감명을 받았습니다. 확고한 부부의 취향이 느껴지는 집이기도 했고 작지만 부족하지 않은 집이었거든요. 부부에게 꼭 필요한 최소한의 제품이 아름답게 조화를 이루고 있었어요. 거실에 TV 있는 풍경을 좋아하지 않는다고 공공연하게 말해왔는데, 알고 보니 제가 꺼렸던 것은 아파트에서 흔히 볼 수 있는 소파와 TV 벽면의 이분법적인 배치였나 봅니다. 이 집은 TV가 있는 거실도 자연스러워 보였거든요. 게다가 높은 천장고와 외부로 연결되는 테라스 덕분에 작게 느껴지지 않았는데요, 개방감이 얼마만큼 중요한지 잘 보여주는 대목입니다. 작은 집을 선택할 때는 창문 밖으로 보이는 외부의 환경이나 천장고가 큰 영향을 끼치게 되죠. 뿐만 아니라 이 집에서 제가 마음에 들었던 부분은 침실과 거실을 연결하는 작지만 큰 존재감의 창문이었습니다. 이 창문으로 차분한 햇살과 공기가 막힘없이 흐르는 듯합니다. 조금 이따가 다시 얘기하겠지만 이 창문은 남편이 아내에게 실현해 달라 요구한 세 가지 항목 중 하나입니다.

"우리가 매달 내는 월세로 차라리 집을 사자." 두 개의 사무실과 하나의 숍을 운영하면서 월세로 많은 비용을 지출하던 부부는 자신들의 명의로 된 집을 구입하기로 마음먹었다. 인테리어 디자이너인 아내가 남편의 30여 가지가 넘는 위시리스트 중에서 들어준 것은 딱 세 가지다. 스테인드글라스 유리창, 호텔식 화장실, 헤링본 패턴 바닥재. 예사롭지 않은 요구사항을 공간에 어떻게 풀어냈는지, 성격이 다른 세 공간과 집이 어떤 방식으로 공존하고 있는지 흥미롭게 보여주는 한남동 주택.

designmieux | GD internati

내려가자, 올라가자

아침마다 부부가 하는 말이 있다. "내려가자." 출근이라는 단어 대신 내려가자, 퇴근이라는 단어 대신 올라가자고 말하는 것. 올해로 결혼 10년 차에 접어든 김태희·이세인 부부는 결혼 전부터 사무실을 함께 썼다. 성격이 다른 두 회사가 청담동에서 한남동으로, 또 신사동으로 함께 옮겨 다니면서 두 사람은 화려했던 이사의 역사만큼 서서히 지쳐가고 있었다. 더는 이사하지 않을 요량으로 집과 사무실을 합치게 됐고, 두 공간을 철저하게 차단하기 위해 외부 계단도 만들었다. 그러나 동선이 불편한 외부 계단은 무용지물이 됐고, 부부에게는 좁은 나무 계단을 오르내리고 슬리퍼를 신고 벗는 일이 나름 출퇴근의 행위가 됐다.

SVR

노란 불빛이 아늑한 분위기를 만들어주는 침실.

우리에게 필요한 건 가까이 있는 집입니다

김태희·이세인 부부는 잦은 이사를 다니며 인테리어 디자인 회사와 스테이셔너리 숍의 숙명처럼 감도가 뛰어난 공간을 만들기 위해 인테리어를 새로 했다. 그때마다 들이는 돈과 시간, 수고 등을 생각하면 여러모로 비효율적이었다. 매달 지출하는 만만치 않은 월세를 차라리 대출 이자로 돌려 주택을 사자는 의견에 다다랐다. 큰 비용을 대출받는 것이 부담스럽긴 했지만 단점보다 장점이 많은 상황이었다. 두 사람은 언제나 사무실과 집이 가까운 것을 선호했기 때문에 두 사람에게 필요한 것은 '가까이 있는 집'이라는 공감대가 이미 형성되어 있었다. 주택을 사서 사무실로 쓴다면 건물주와 신경전을 벌이지 않고, 더 안정적으로 사무실을 운영할 수 있다는 점은 특히 매력적이었다. 세인 씨는 직업의 특성상 외근이 잦고, 집에서 현장으로 바로 이동할 때도 있으니 교통이 편리한 동네여야 했다. 그리고 주변 환경이 조용하고 아늑한 동네를 바랐다. 부부는 신혼생활을 시작한 한남동 일대부터 알아보기 시작했다. 그리고 운이 좋게도 절묘한 타이밍에 지금의 집을 만날 수 있었다. 메르스 후폭풍으로 모든 경기가 얼어붙은 때여서 주택 시장도 침체되어 있었다. 부부는 주택 구입도 결국은 타이밍임을 실감하며 지금의 대추나무 집을 마련했다.

예상했지만 그래도 철거비는 비싸네요

모든 인테리어 공사는 예산으로, 예산은 결국 인건비로 귀결된다. 사람의 힘을 빌리지 않고 할 수 있는 일이 없기 때문에 모든 공정에서 발생하는 인건비가 총 견적에 큰 영향을 주는 것이다. 35년 된 주택은 대대적인 수리가 필요한 상황이었다. 기존의 가정집을 사무실과 집으로 사용하려면 구조를 변경해야 했고, 근린생활시설로 사용하겠다는 용도 변경 허가도 받아야 했다. 그 밖에 노후한 시설 교체 및 부실한 단열, 누수 여부 등 집 상태가 어떤지 확인할 내용이 많았다. 철거용 중장비가 집 내부로 들어왔고, 벽체와 천장은 기본 골조만 남기고 모두 철거한 뒤 보강용 H 빔을 세웠다. 이 과정은 신사동에 있는 에포카 매장과 사무실의 계약 종료 시점과 맞물려 모든 일이 급박하게 돌아갔다. 언제나 예상보다 늘어지기 마련인 철거 기간과 추가되는 금액을 떠올리며 세인 씨는 마음을 다잡았다. 기존의 사무실과 숍에서 철거한 인테리어 요소들을 재활용하기로 한 것이다. 가구는 물론이고 슬라이딩 도어와 합판 벽까지 재사용이 가능한 것은 총동원되었다.

우리 집을 디자인하는 게
더 어려워요

꾸밀 수 있는 것도, 구조 변경도 제한적인 아파트를 벗어난다고 생각하자 남편 태희 씨는 신이 났다. 이번 집에서 해보고 싶은 위시리스트로 메모장은 빼곡해지기 시작했다. 태희 씨가 꿈꾸는 것이 늘어날수록 막상 아내 세인 씨의 고민은 깊어졌다. 인테리어 디자이너로 일하면서 타인의 공간을 집중적으로 생각해왔던 터라 자신의 공간과 취향에 대해 고민할 시간적, 심리적 여유가 충분하지 못했던 것이 이유였다. 게다가 도면에 선 하나 그을 때마다 비용 지출로 이어진다는 단순한 사실과 마감이 임박한 여러 프로젝트는 세인 씨를 더욱 압박해왔다. 결국 세인 씨는 진지한 고민도 내려놓고, 이상적인 디자인도 내려놓고, 당장 실수 없이 잘할 수 있는 일에 집중하기로 했다. 과거 프로젝트에서 좋았던 부분, 향후 프로젝트에서 시도해보고 싶었던 부분을 조금씩 실험해보기로 한 것이다. 붉은 벽돌이나 나뭇결이 살아 있는 미송 합판, 슬라이딩 도어처럼 그녀가 즐겨 쓰는 마감재도 한남동 주택에 고스란히 반영돼 있다.

세 가지 소원이 있습니다

태희 씨는 클래식한 집에 대한 로망이 있었다. 서른 개가 넘었던 위시리스트 중에 벽체 몰딩도 포함되어 있었다. 세인 씨는 남편의 의견을 들으면서 현실적으로 가능한 절충안을 찾아주었다. 약 15~16평(50~52㎡)에 불과한 작은 집에서 실현시킬 수 없는 것은 배제하고 적은 예산으로 인테리어 효과를 누릴 수 있는 가성비 좋은 위시리스트를 작성해나갔다. 청어의 뼈를 닮았다 해서 헤링본 패턴이라고 부르는 바닥재와 호텔식 화장실이 바로 그것이다. 마지막 소원인 스테인드글라스*는 침실에 햇빛이 지날 수 있는 작은 창을 내고 싶어서 생각한 아이디어다. 하지만 마음에 드는 유리는 구하기가 어려워 부부는 천천히 알아보기로 하고 당분간은 색유리를 끼워 사용하기로 했다.

*스테인드글라스 중세 고딕 양식의 건축, 특히 교회나 성당의 창에서 주로 볼 수 있는 스테인드글라스는 채색한 유리를 부르는 단어입니다. 유리 채색 방법은 표면에 안료를 구워서 붙이거나 금속산화물을 녹여 붙이는 등 여러 가지가 있어요.

(좌) 침실에 낸 작은 창. 햇빛이 지나는 작은 창 너머에 거실이 있다.
(우) 대리석 타일 마감이 고급스러운 화장실. 호텔식 화장실을 원한 태희 씨의 소원이 이뤄진 공간이다.

이사할 때마다 집이 작아지고 있어요

한남동 주택의 경우 연면적 자체는 다른 도시주택에 비해 꽤 큰 편이지만 주거 공간은 이전 집보다 작아져서 부부는 이사할 때마다 집이 작아지고 있다는 우스갯소리를 나눴다. 그 점은 오히려 집의 부실 배치를 결정하는 데 큰 도움이 되었다. 꼭 필요한 침실과 옷방, 욕실을 확보하고 나니 남은 공간은 자연스레 거실이 되었다. 세탁기가 들어갈 자리는 충분치 않아 1층의 공용 주방에 딸린 다용도실을 세탁실 겸용으로 사용하기로 했다. 평수가 작음에도 불구하고 이 집이 협소하다고 느껴지지 않는 것은 박공지붕과 외부 테라스가 주는 개방감 덕분이다. 거실은 박공지붕 형태를 그대로 살리는 대신 침실은 평면 천장을 만들어 좀 더 아늑한 분위기를 연출했다. 모든 바람을 충족시킬 수 없을 땐 집중과 과감한 포기가 답!

포기해야 하는 목록부터 작성하세요

태희 씨가 위시리스트를 썼다면 세인 씨는 포기해야 되는 목록을 작성했다. 집을 대수선하거나 신축할 때는 늘 예산이 문제이므로 동원할 수 있는 예산의 80% 금액 안에서 포기해야 되는 목록부터 써나가다 보면 할 수 있는 게 남는다는 것이 그녀의 논리다. 하다 보면 추가 비용이 발생해 결국 100~110%로 견적이 늘어나기 때문에 초반에 타이트하게 기준을 잡는 것이 중요하다는 것이다. 인테리어 전문가인 그녀도 혼란스러웠을 정도로 자기 집을 짓는 것은 보통 일이 아니었다. 네 번의 이사 끝에 정착한 지금의 집은 규모에선 클지언정 두 사람의 개인 공간으로 따지면 가장 작은 집이다. 하지만 크기와 상관없이 번잡하지 않은 동네의 일상을 관찰할 수 있는 주택에서의 시간은 부부에게 선물과도 같다. 사무실 책상 옆 작은 창문에서 골목길의 계단을 바라보는 순간이, 회의실에서 바라보는 외부 풍경이, 사무실에서 집으로 올라가는 좁은 나무 계단이 부부를 행복하게 만든다.

1.5층의
뮤디자인 공간

세인 씨가 운영하는 인테리어 회사 뮤디자인의 사무실. 높은 책장으로 공간을 분리했다.

Nass
BOEN
The Colors of Corian

JBL

1층
에포카·뮤디자인
공동공간

즐겨 쓰는 붉은 벽돌과 미송 합판 마감재가 인상적인 회의 공간. 흑판으로 된 슬라이딩 도어를 열면 태희 씨가 쓰는 사무 공간으로 연결된다.

문구 수집가들의 마음을 설레게 하는 에포카 숍 내부.

0.5층
에포카의 공간

가로 띠창 너머로는 에포카의 공간이, 그 위층에는 뮤디자인의 공간이 다정하게 공존하고 있다.

한남동 주택 세부정보

Information

가족 2명
규모 지하1층, 지상 2층
대지면적 289㎡(제1종 일반주거지역)
건축면적 126.65㎡
건폐율 43.82%(법정 60%)
연면적 271.01㎡
용적률 79%(법정 200%)
총 공사비용 3억 원(집, 사무실, 쇼룸 포함)
총 공사기간 3개월
설계 뮤디자인
(02-517-3964, www.designmieux.com)

❶ 거실

높은 박공지붕이 개방감을 주고 침실로 연결되는 작은 세로창이 로맨틱한 느낌을 주는 거실.

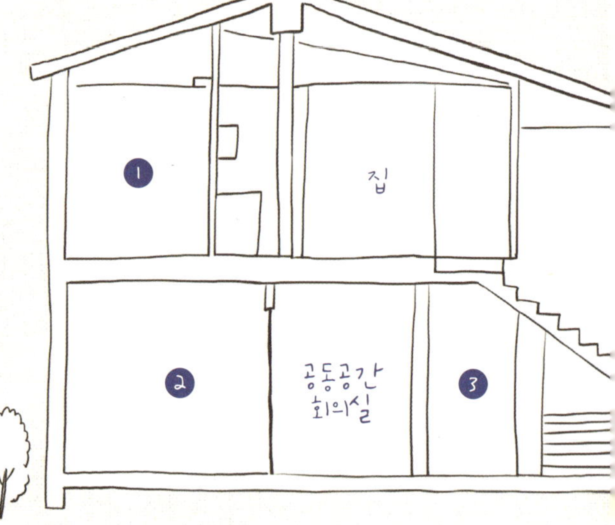

❸ 1층 화장실

작은 정사각 조각 타일을 붙여 편안한 느낌을 강조한 남자 화장실.

❷ 뮤디자인 + 에포카 주방

직원들의 구내 식당으로 활용하는 공간. 냉장고 옆으로 팬트리로 사용하는 다용도실이 있다.

❶ 침실

작지만 아늑한 침실. 방문 너머로 드레싱 룸이 있어서 지저분한 옷이나 액세서리들을 깔끔하게 정리할 수 있다.

❹ 뮤디자인

가로로 길고 높은 책장으로 공간을 분리해서 사용하고 있는 뮤디자인. 책장 안쪽으로 이세인 실장의 자리가 있다.

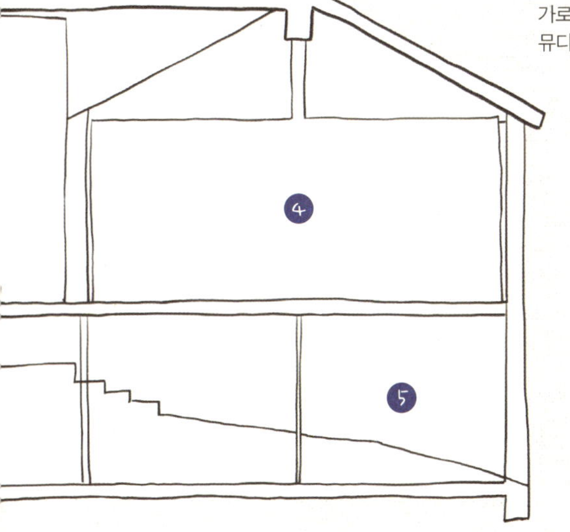

❺ 에포카

흉물스러운 전신주가 가리고 있긴 하지만 주택 1층에는 아기자기한 스테이셔너리 제품을 파는 셀렉트숍 에포카가 있다.

건축가를 연결해주는 사이트가 있다고요?

작가에게 묻다

건축을 모르는 보통 사람에게는 집을 짓는 일이 매우 어렵게 느껴집니다. 정보의 격차에서 오는 불균형이 크기 때문에 엄두조차 나지 않죠. 앞서 건축가를 찾는 저만의 방법을 소개하기는 했지만, 그 밖에도 체크해야 할 문제가 많죠. 산재해 있는 주택 건축 정보를 신뢰할 수 있는 출처에서 쉽고 편하게 볼 수 없을까? 저뿐만 아니라 많은 분들이 원하고 공감하실 겁니다.

반갑게도 이런 정보를 하나의 플랫폼에 모으려는 시도가 있습니다. 아키플래닛(archiplanets.com)은 주택 신축이나 개축, 인테리어를 계획하는 건축주와 건축가, 인테리어 디자이너를 연결해주는 중개 플랫폼입니다. 작은 규모의 주택이지만 여러 명의 건축가에게 설계안을 받은 뒤 최우수안을 채택해 프로젝트를 진행할 수 있다는 점이 인상적인데요. 물론 해당 설계비용은 지불해야 합니다. 협의를 통해 결정한 금액을 아키플래닛에 예치하면, 설계안을 낸 모든 건축가에게 전달되는 방식입니다.

에이플래폼(a-platform.co.kr)에서도 건축 중개 서비스를 제공합니다. 재미있는 점은 에이플래폼에서 스크랩한 프로젝트 목록을 활용해 에이플래폼 컨시어지 서비스를 신청하면 맞춤형 건축가를 추천받을 수 있다는 것입니다. 본인이 찜한 건축가에게 직접 문의할 수도 있습니다. 또한 에이플래폼과 제휴를 맺은 건축가 리스트를 그들의 대표작 및 최근작과 함께 볼 수 있어 유용합니다.

중개 플랫폼 중에서는 건축 비교 견적을 제공하는 업체도 있습니다. 인테리어 중개에서 시작해 최근 건축 중개까지 영역을 확장한 집닥건축(archi.zipdoc.co.kr)은 예비 건축주들에게 초미의 관심사인 비교 견적을 먼저 제공한 뒤 건축가를 매칭, 추천합니다. 또한 건축주가 결제한 대금을 집닥에 예치했다가 시공 단계별로 업체에 지급하는 에스크로 서비스를 지원하지요. 온라인과 오프라인을 연계한 중개 플랫폼은 작게는 검색 키워드를 제공하는 물꼬 역할을 해줄 것이고, 혹은 그 이상으로 집 짓는 과정 전반을 매니징하는 역할을 할 것으로 기대됩니다.

새롭고 이색적인 서비스가 늘어나는 것은 예비 건축주 입장에서 반가운 일이기는 합니다만, 오랜 시간에 걸쳐 검증받은 플랫폼이 아니기 때문에 신중할 필요는 있다는 것이 제 결론입니다.

그 후의 이야기

항상 아파트의 낮은 천장 아래 살다가 높은 박공지붕 아래 살게 되니 집이 크지 않아도 개방감이 느껴져서 좋아요. 다만, 옥상이 없다는 점이 아쉽죠. 옆 건물 옥상에서는 남산과 남산서울타워가 그림처럼 보이더라고요(하하). 옥상이 있었더라면 작은 정원을 꾸미고 고기를 구워먹을 수 있는 바비큐 존을 만들었을 텐데 말이에요. 다음에 집을 지을 기회가 또 생긴다면 전체를 박공지붕으로 하지 않고 절반은 평평한 옥상으로 만들어서 옥상 라이프를 즐기고 싶어요. 그리고 가드닝이라는 표현이 민망할 정도로 조그마한 화단을 만들었는데(차량 두 대의 주차 공간을 희생해서 만든 공간이에요) 덕분에 전에 없던 취미가 생겼어요. 이름도 잘 몰랐던 식물을 정성껏 심고 가꾸게 되는 일상이 참 좋아요. 아, 집 안 꾸미기는 계속 진행형이에요. 빨리 완성해야 하는 업무가 아니라 일부러라도 조금씩, 천천히 하는 일종의 느린 취미 활동 같은 거죠. 집이 조금 더 컸으면 좋았겠지만, 한정된 공간에서의 제약을 최대한 보완하는 방법을 찾으면서 발전하는 모습을 지켜보는 것도 성취감이 있답니다.

05

이화동집

이화동 주택

벽화마을에 있는 박공지붕의 하얀 집

이화동
마을박물관

COFFEE&
MAKGEOLLI
BREAD

낡았지만 생기 넘치는 마을, 종로구 이화동

이화동은 의외성으로 가득한 동네입니다. 故 이승만 대통령이 초대 내각을 구성했던 사저가 있는 역사적인 마을이지만 이화장을 조금만 벗어나면 한 사람이 지나가기도 비좁고 가파른 계단과 오르막길이 기다리고 있죠. 낙후된 건물 외벽을 보수하는 공사가 지지부진 이어지고 있는 동네의 느릿한 풍경과는 대조적으로 활기찬 모습도 보입니다. 대담한 원색의 컬러로 채색한 계단과 벽화에서는 조용한 마을에서 보기 어려운 에너지가 피어오릅니다. 이화동은 서울 시내가 한눈에 내려다보이는 높은 마을입니다. 조금만 걸어 올라가면 성곽길도 만날 수 있습니다. 일출 명소이자 야경이 근사한 낙산공원을 끼고 있는 이화동의 독특한 분위기는 데이트를 즐기는 젊은 사람들을 불러 모으곤 합니다. 벽화마을을 찾는 중국인 관광객까지 더해지면, 골목길을 채운 사람들의 나지막한 이야기 소리는 이내 기분 좋게 웅웅거리는 소음으로 바뀝니다.

이화동은 시간이 멈춘 듯합니다. 시간을 여행해 50~60년 전으로 돌아간 듯 정겨운 느낌을 주죠. 이화동에서는 마을 자체를 살아 있는 박물관으로 조성하는 프로젝트가 한창입니다. 이화 마을박물관에는 마을 주민들이 기증한 사진 자료와 생활 도구들이 전시되어 마을의 역사를 많은 사람들에게 알리고 있습니다. 수작 역시 그중 한 공간이고요. 수작은 다리미와 인두 등 봉제 관련 철물을 모은 곳입니다. 중절모용 다리미의 앙증맞은 모습에는 감탄이 절로 일곤 합니다. 과거의 작은 봉제 공장을 떠올리게 하는 장소입니다. 원래 수작은 이화동 마을박물관 프로젝트를 주도한 최가철물점의 최홍규 관장이 소유하고 있던 집으로 김수연 씨가 사들여 개축했다고 합니다. 한 채, 한 채의 집이 모여 만든 이화동의 풍경은 무척 정겹고 따스합니다. 이화동은 현대 생활의 변천사를 그대로 담고 있는 마을로, 대중에게 사랑받으며 공공성이 중요한 동네로 떠오른 만큼 수작을 개축하는 일은 주변 환경과의 조화를 고려하는 과정이 무엇보다 중요했습니다.

건축비 한 푼이 아쉬울 때, 설계비를 아끼는 것이 해결책일까?

집을 지을 때 어떤 항목에서 비용을 줄이고 아껴야 할지 계산기를 두드리면서 고민하게 됩니다. 그중에서는 설계비 항목에서 예산을 아끼겠다는 분도 있을 겁니다. 혹여라도 부지런히 발품을 팔아 설계나 감리 업무를 직접 해내겠다고 마음먹는 분이 있다면, 스스로 힘든 일을 선택할 필요는 없다고 말리고 싶어요. 많은 집을 보아온 그간의 경험으로 내린 결론입니다.

얼마 전 친구가 전화를 걸어왔습니다. 종종 주택에 살고 싶다는 속마음을 내비치곤 했는데, 이번 통화는 친정 부모님과 미혼 동생, 그리고 자신의 남편과 아들 둘이 함께 살아볼까 한다면서 실질적인 이야기를 주고받는다는 내용이었어요. 땅은 친정 부모님과 친구의 아파트에서 가까운 주택 필지로 결정하면 되는데, 건축업자가 지은 집을 살지 건축가에게 맡길지가 고민이라고 하더군요. 건축업자가 지은 집을 살 경우에는 기다리지 않고 바로 입주할 수 있다는 것이 장점입니다. 한편 두 가족을 위해 설계한 집은 아니니 서로의 사적 공간 침해로 인한 문제가 걱정입니다. 건축가에게 맡길 상황을 가정해 보니 규모가 작은 집인데 의뢰를 받아줄까, 즉 돈 안 되는 일을 자기 일처럼 맡아줄 건축가를 과연 만날 수 있을까 반신반의하는 듯했습니다.

대다수의 사람들이 비슷한 고민을 합니다. 가뜩이나 예산이 부족한데, 건축가에게 설계비를 떼어준다고 생각하면 마음이 더 쪼들리는 것 같기도 하고요. 자신이 조금 더 부지런을 떨고 발품 팔면 그 돈을 아낄 수 있다고 생각하죠. 집을 지을 때는 무척 신중해야 합니다. 생각도, 결정도, 실행도 조심스러운 편이 낫습니다. 집을 짓는 일이란 인생을 설계하는 것처럼 버겁고 큰 일이라 다시는 엄두가 나지 않는다고 하거든요. 집을 한 번 짓고 나면 이사하거나 다시 지을 일이 거의 없기 때문에 경험에서 나온 노하우에 기대기는 어렵습니다. 건축가에게 맡기면 가족의 라이프스타일을 고려해 맞춤집으로 설계해줄 것을 알고 있지만 설계비 자체가 큰 금액이기 때문에 시원스럽게 결정하기가 어려운 것이지요.

그렇다면 이화동 주택의 건축주인 김수연 씨의 이야기가 도움이 될 것입니다. 김수연 씨는 이화동 주택이 두 번째 집입니다. 첫 번째로 지은 연희동 주택은 건축가 없이 직접 뛰어들어 감리까지 챙겼습니다. 건축을 모르는 사람이 집을 짓는 데는 한계가 있었습니다. 실제로 돈을 아끼려고 시작한 일인데, 잘못된 판단으로 오히려 비효율적인 일이 발생했습니다. 단열이 잘되는 집을 지으려다 벽이 지나치게 두꺼운 문제가 생기거나 1, 2층의 공간이 단절되는 상황도 생겼죠. 집을 다 짓고 나서 보니, 설계비를 아끼려고 선택한 일이 오히려 비효율적인 결과를 낳았다는 사실을 알게 됩니다. 그래서 집을 지을 땐 건축가가 꼭 필요하다고 생각하게 되지요. 그래서 후암동 협소주택 프로젝트로 잡지에 소개된 이용의 소장을 찾아갑니다. 이용의 소장은 주택에 대한 뚜렷한 철학이 있었습니다. 김수연 씨의 의뢰를 흔쾌히 받아들이고 낡은 이화동 주택의 내부를 완전히 새롭게 바꾸어놓습니다. 집에 흡사 구름다리처럼 보이는 계단을 놓아서 공간과 공간을 드라마틱하게 연결했습니다. 이 드라마틱한 설정은 공간을 더 효율적으로 쓰기에도 유용합니다.

이런 글을 본 적이 있습니다. 인생은 때로, 사실은 자주, 예기치 않은 방향으로 흘러간다는 것을요. 건축가를 만나는 일 또한 그렇습니다. 건축가라는 존재가 나와 가족의 삶에 깊숙이 개입하면 분명 삶의 변화가 생깁니다. 낯선 이에게 내 삶을 오롯이 드러내는 것은 벌거숭이가 되는 것처럼 불편하고 부끄럽기도 하지만, 한편 두근거리고 호기심이 이는 일입니다. 건축가는 내 삶을 그려줍니다. 정형화된 삶에서 벗어나 일상이 달라지게 합니다. 방에서 먹던 커피 한잔을 밤하늘을 보며 테라스에서 마실 수 있게 바꾸는 사람입니다. 그래서 건축가에게 모험을 걸어볼 만하다고 생각합니다.

협소주택을 더 크게, 더 넓게 쓰는 법

도시주택은 지가가 비싸서 협소주택으로 짓는 경우가 많습니다. 그 경우 건축가와 건축주의 가장 큰 고민은 작은 집을 넓게 쓰는 방법입니다. 법규 제한을 피하기 위해 신축보다 개축을 선택하기도 하고, 용적률에 포함되지 않는 지하나 다락을 만드는 등 부실 레이아웃을 여러 차례 바꾸면서 넓게 쓸 수 있는 방법을 시뮬레이션하기도 합니다. 결국 연면적을 최대한 확보하는 방향의 고민들이죠. 이용의 소장은 조금 다른 견해를 가진 사람입니다만, 그 견해에 공감이 되어 이야기를 꺼내보려고 합니다. 그는 물리적으로 연면적을 늘리는 것보다 시선이 벽에 차단되지 않고 더 넓은 공간을 바라볼 수 있게 설계해야 한다고 생각합니다. 한옥의 경우를 생각해보세요. 한 평짜리 작은 방도 미닫이문을 활짝 열면 공간은 몇 배 더 넓게 확장되는 느낌을 받습니다.

시선이 머무는 곳이 막혀 있는지 개방되어 있는지에 따라 체감하는 집의 크기가 달라진다는 것입니다. 이는 주거의 질과도 긴밀한 관계가 있습니다. 도시주택에서는 자연을 볼 수 있는 집, 하늘을 볼 수 있는 집이 최고의 집입니다. 빨간 플라스틱 대야를 주면서 마당에서 놀게 하면 하루 종일도 놀 수 있는 게 어린아이들입니다. 호텔 방의 욕조나 실내 수영장이 아무리 좋더라도 몇 시간을 채우기는 버겁습니다. 하늘을 보면서 커피를 몇 시간 마실 수 있지만 좁은 방 안에서는 그렇게 시간을 보내는 것이 고역입니다. 집에서는 하늘을 볼 수 있는 공간이 필요합니다. 방에서 나와 하늘을 보고, 바깥 공기를 몸으로 느낄 수 있는 공간, 테라스처럼 외부와 내부를 연결하는 중간 영역이 확보되면 작은 집에서의 경험도 다채롭고 풍요로워질 것입니다. 이용의 소장은 협소주택 설계 초기에 옥상정원을 만드는 데 집중했는데, 지금은 전용면적을 늘리기보다 바깥 풍경을 끌어들일 수 있는 건축 장치를 고민하게 된다고 합니다. 한겨울, 마당에 나가서 대문을 열 때 머리가 쭈뼛쭈뼛 서는 듯한 추위를 경험하는 순간은 분명 불편할 것입니다. 그래서 이런 불편함은 우리의 머릿속에 기억으로 남습니다. 그리고 시간이 지나면 매서웠던 겨울의 추억으로 삶에 기록됩니다. 적당하게 의도된 불편함, 살에 닿는 계절의 변화, 눈으로 보는 풍경들이 삶을 더욱 즐겁게 만들어줍니다. 그래서 주택에 사는 삶을 끊임없이 꿈꾸는 것 같습니다.

"바닥 면적은 약 12평(41㎡)에 불과한 작은 집이지만 더 큰 집으로, 더 넓은 집으로 바꿔줄 사람을 찾아왔습니다." 김수연 씨는 후암동 협소주택 프로젝트를 끝낸 이용의 소장을 찾아갔다. 주택 1층은 이화동 마을박물관 프로그램의 일환으로 운영되고 있어서 불특정 다수의 사람들에게 개방하면서도 주거 공간의 프라이버시는 지켜야 한다는 아이러니한 미션이 최대 난제였다. 협소주택 프로젝트로 이름을 알린 건축가가 난제를 어떻게 풀어냈는지 재미있는 해답을 만날 수 있는 이화동 주택.

COFFEE&
MAKGEOLLI
BREAD
화장실
Restroom
350m
낙산공원 관리사무소
Naksan Park Management office

현재는 건축주의 개인 사정으로 수작을 더 이상 운영하지 않는다.

작은 집을 더 기능적으로 바꿔줄 사람을 찾아왔습니다

김수연 씨는 최가철물점 최홍규 관장이 쓰던 이화동의 작은 주택을 샀다. 벽화가 그려진 계단을 지나고 서울 시내가 바라보이는 높은 지대에 도착하면 축대 위에 살포시 얹어져 있는 집이다. 경사가 심해 좁은 계단을 이리저리 돌아 들어가야 하는 집이다. 약 12평(41㎡) 남짓한 주택은 살 때 조건이 따라붙었다. 다리미 전시관으로 사용하고 있는 수작의 공간은 그대로 살려둘 것. 이화동 마을박물관 프로젝트를 주도하는 최홍규 관장은 이화동을 찾은 사람들이 현대 생활의 변천사와 역사를 체험할 수 있는 공간을 만들었는데, 수작은 그중 하나였다. 김수연 씨는 사람들이 자유롭게 드나드는 전시관 2층을 편하게 쉴 수 있는 주거 공간으로 바꾸고 싶었다. 오롯이 휴식을 취할 수 있는 장소이면서 단청 장인으로 일하는 그녀를 찾아오는 지방의 스님들이 쉬어갈 수 있게 하고 싶었다. 가장 중요한 것이 하나 더 있었다. 춥지 않고, 덥지 않은 집이어야 했다.

적극적으로 외부의 빛을 끌어들이고
곳곳에 간접등을 설치했다.

설계노트

단순 개축으로는 어렵겠습니다

이용의 소장은 집을 철거하고 나서 절레절레 고개를 흔들었다. 축대 위에 있는 집은 개축공사로 개선할 수 있는 상황이 아니었다. 집을 뜯어내고 나니 흙바닥이 드러났고, 군데군데 금속을 덧대 보강한 모양새가 이미 노후할 대로 노후한 주택의 수명을 임시방편으로 연장해놓은 것 같았다. 추가적으로 보강공사를 한다고 해서 얼마나 효과적인 결과를 얻을 수 있을지 미지수. 게다가 약 12평(41㎡) 남짓의 작은 집에 기둥을 세워서 보강하는 것이 과연 건축적으로 옳은지, 효율적인 판단인지 고민스러웠다.

설계 및 레이아웃은 건축가가 하는 일입니다

김수연 씨는 집에 관한 문제를 전적으로 건축가에게 맡겼다. 단순 개축이 아닌 신축 수준으로 집을 고치는 일도 찬성했다. 전문가의 조언과 판단이 집 짓는 단계마다 필요하다는 것을 절실하게 체감하고 있었고, 특히 이화동처럼 집이 밀집해 있는 동네는 창문의 위치를 바꾼다고 하더라도 주변 환경과 채광 상태 등을 배려해야 했기 때문에 더욱 까다로운 일이었다. 김수연 씨는 기본 설계와 레이아웃은 건축가에게 전적으로 맡겼고, 생활 편의성을 위한 디테일은 시공업자와 직접 의논할 생각이었다. 초반부터 역할 분담을 명확하게 나눈 덕분에 진행이 한결 수월했다.

스킵플로어 구조로 설계해 계단을 반 층 올라갈 때마다 주방, 거실(다실), 침실 공간이 차례로 나타난다.

설계노트

작은 집에 방 세 개 있는 것이 중요하다고 생각하지 않습니다

이화동 주택은 약 12평(41㎡) 공간에 복도를 중심으로 방이 세 개 있는 구조였다. 가뜩이나 작은 집을 벽으로 나누고 문을 달아 내부가 더욱 좁고 답답하게 느껴졌다는 이용의 소장은 이렇게 말했다. "최근에 지어지는 빌라를 가보면, 어떤 방은 침실로 쓸 수 없는 크기예요. 방을 구획할 때 기능에 목적을 두지 않고 쪼개는 것에만 의미를 둔 거죠. 건축가가 작은 집에 방 세 개를 몰아두는 건 전문가답지 못한 접근 방식이라고 생각했어요."

1층의 수작 공간을 제외하면 사용할 수 있는 공간은 같은 평수의 2층뿐이었고, 주방과 거실, 침실은 모두 필요했다. 이용의 소장은 해결의 실마리를 스킵플로어 구조에서 찾았다. 집을 보강하는 방식도 다른 관점에서 접근했다. 기둥이 아닌 스킵플로어 구조*가 하중을 지탱할 수 있도록 빔을 벽에 거는 방식을 택한 것이다. 철제 계단을 올라가면 집의 중심이었던 복도가 있는 자리에 층계참이 있다. 오른쪽은 주방이고 왼쪽은 계단을 반 층 올라가 거실로 사용한다. 재미있는 것은 집의 원래 구조인 복도식 배치가 남아 있게 됐다는 점이다. 대신 화장실은 1층에 그대로 두었는데, 적극적으로 외부의 빛을 끌어들이고 간접 조명을 설치해 수작을 찾은 외부인이 프라이빗한 화장실을 맞닥뜨리는 데서 오는 불편함을 줄이고, 김수연 씨는 위층의 공간을 넓게 쓸 수 있도록 했다.

*__스킵플로어 구조__ 바닥을 반 층씩 높이를 달리해 설계하는 것을 말해요. 건물의 바닥 높이를 일반적인 건물처럼 1층 높이로 올리지 않아서 공간을 더 경제적으로 활용할 수 있는 반면 계단 사용이 빈번해지게 됩니다.

1층은 수작으로 운영해야 하는데, 프라이버시 보호가 괜찮을까요?

스킵플로어 구조는 기둥으로 인한 공간 손실조차 최소화해야 하는 이화동 주택에서 '유레카!'를 외칠 만큼 번뜩이는 아이디어였다. 그러나 건축주의 입장에서는 프라이버시의 문제가 발생했다. 철골 구조의 계단으로는 사람들의 시선을 차단하는 데 한계가 있다는 점을 간과할 수 없었던 것이다. 수작은 낮 시간에 운영되지만, 낯선 사람이 들어와 집의 구석구석을 탐색하듯 바라보게 할 수는 없었다. 외부인의 시선과 인기척으로부터 가장 보호받아야 하는 침실의 경우는 더욱 그랬다.

설계노트

외부인의 시선으로부터 가장 안전한 다락에 침실을 만들 겁니다

수작에서 계단을 한 층 올라가면 주방이, 주방에서 구름다리를 건너듯 반 층 계단을 올라가면 일자 형태의 거실이 나타난다. 원래의 2층 공간을 주방과 거실로 할애하면 침실 계획이 불가능한 상황이다. 이용의 소장은 천장을 뜯어내고 얻은 박공지붕 아래에 침실을 만들기로 했다. 김수연 씨에게는 이화동 주택이 세컨드하우스여서 수납공간이 많이 필요하지 않았고 다락이 생기면 약 4~5평(13~17㎡)의 연면적을 더 얻은 꼴이었다. 침실은 잠만 자는 공간이니 천장이 낮은 점은 감수하기로 했다. 게다가 가장 상층에 위치해 외부인의 시선으로부터 보호받을 수 있어 신의 한 수. 수작을 방문한 외부인이 어떤 각도에서 바라보더라도 침실은 노출되지 않을뿐더러 누구나 어린 시절부터 꿈꿔온 다락방의 로망을 충족시켜주는 아담하고 아늑한 공간이다.

건축가에게 설계를 맡긴 뒤 의견을 전적으로 존중한 건축주 김수연 씨.
불편하지만 정서적인 가치를 중요하게 생각한다는 점에서 둘은 많이 닮았다.

현관 위치는 지금도 괜찮아요

이용의 소장이 현장 답사차 이화동 주택을 찾았을 때 한 바퀴 빙 둘러 골목 계단을 올라가는 것이 불편하다고 느꼈다. 도로에서 진입할 수 있는 입구를 만들까 고민하던 건축가에게 건축주는 조용한 골목에 현관이 있는 것도 괜찮다는 의견을 건넸다. 편리함보다는 의도한 불편함. 정서적인 가치를 중요하게 생각하는 것은 건축가와 건축주가 많이 닮았다. 이용의 소장은 그 대신 골목길에 나 있던 현관 위치를 채광에 더 유리한 쪽으로 바꾸었다. 또한 붙박이장이 있던 곳에 창문을 내 최대한 외부로 열릴 수 있게 만들었다.

설계노트

보안이나 환기를 고려하면 시스템 창호를 사용해야 합니다

보안에 대한 걱정으로 주택살이를 포기하는 사람이 있을 만큼 주택에서 보안은 중요한 이슈다. 이용의 소장은 이를 시스템 창호로 일정 부분 보완할 수 있다고 생각한다. 고정된 창틀에 미닫이나 여닫이식 창을 다는 일반 창문보다 레버 핸들을 상하로 움직여 사용하는 시스템 창호가 훨씬 더 안전하기 때문이다. 게다가 틸팅이 가능해 환기가 용이하며 비 오는 날 비가 들이칠 걱정도 없다. 김수연 씨의 집은 도로에 인접해 있기 때문에 모든 창은 시스템 창호로 마감했다. 시스템 창호에 창틀 크기로 맞춘 컬러 블라인드를 달면 외부와 내부를 완전히 차단할 수 있다. 시스템 창호 외에도 집의 수명만큼 오래가야 할 하드웨어의 선택은 기능과 안전 면에서 매우 중요하다.

이화동 주택 세부정보

Information

가족 1명
규모 지상 2층
대지면적 64.70㎡(제2종 일반주거지역)
건축면적 41.16㎡
건폐율 63.62%(법정 60%)
연면적 71.17㎡
용적률 110%(법정 200%)
총 공사비용 2억5000만 원
총 공사기간 4개월
설계 공감건축사 사무소
(02-6271-8901, www.kinfolks.kr)

❷ 거실 겸 다실
집이 협소하기 때문에 소파 등의 덩치 큰 가구를 놓는 대신 낮은 좌식형 테이블을 놓았다.

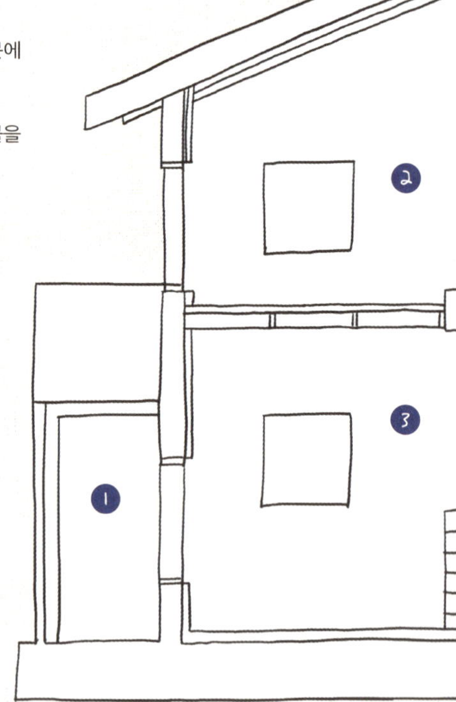

❶ 현관
원래의 현관 위치는 이곳이 아니었으나 건축가가 채광을 고려해 위치를 바꿨다. 하늘색 벽을 따라 들어가면 다리미 전시관인 수작이 나타난다.

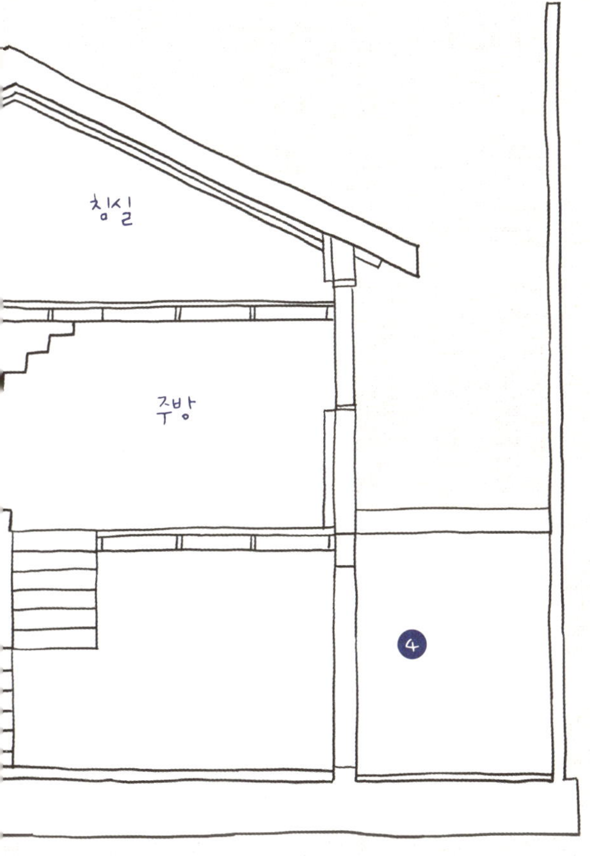

❸ 1층 계단

수집한 다리미로 당시 봉제공장 분위기를 재현한 수작에서 주거 공간으로 넘어오는 계단.

❹ 화장실

2층에는 화장실을 낼 공간이 없었기 때문에 1층에 화장실 겸 욕실을 만들었다. 천창 덕분에 하루 종일 밝은 편이다.

프라이버시를 보호하는 창호 및 부실 레이아웃

작가에게 묻다

《도시주택산책》을 통해 주택의 매력과 장점을 알리는 데 집중했지만, 책장을 덮기 전에 짚고 넘어가야 할 주택의 취약점이 있습니다. 앞에서도 언급했던 보안과 프라이버시의 문제입니다. 고층 아파트와는 달리 주택은 낮게 지어집니다. 보통 지상 2층 규모의 주택이고 다락 유무는 경우에 따라 달라집니다(이 책에서는 정릉동 주택이 가장 높게 지어진 집으로 3층 규모).

당연한 이야기겠지만 보행자의 시선에서 자유롭지 못하기 때문에 설계할 때 수평적, 수직적 관점에서의 레이아웃을 고민해야 합니다. 예를 들어 1층에 거실이 있다고 합시다. 퇴근 뒤 편한 옷차림으로 집 안을 활보하고 싶은데 밖에서 사람들이 쳐다볼까 봐 신경 쓰인다면 무척 곤란하겠죠. 이럴 때는 창의 크기나 위치를 조율해 타인의 시선으로부터 내부를 보호할 수 있습니다. 눈높이보다 높은 지점에 가로 띠창을 낸다면, 채광은 확보하면서 아늑하게 공간을 사용할 수 있을 겁니다. 혹은 개방감 있게 창호를 내고 싶다면, 내부나 외부에 덧창을 다는 방법도 있습니다. 내부의 빛이 밖까지 새어나가지 않으므로 프라이빗하게 사용할 수 있죠. 다른 집의 창문이 없는 위치에 창을 내거나 연희동 주택, 수유동 주택처럼 바깥 풍경은 끌어들이면서 내부는 완전히 가리는 사선의 파사드월을 만드는 방법도 있습니다.

수직적 관점에서의 레이아웃은 몇 층에 어떤 목적의 공간을 배치할지에 대한 이야기입니다. 사람들의 시선에서 자유롭고 전망 좋은 방을 침실로 쓰고 싶다면 2층 또는 3층에 배치하고, 주방 및 거실을 1층에 배치하는 방법이 있습니다. 이는 외부 환경과 긴밀한 관계를 맺으므로 건축주의 의견과 건축가의 분석이 매우 중요합니다. 개인적으로는 작고 기능적인 침실을 선호해서 조금 어둡더라도 더 아늑한 1층 구석에 침실을 배치하는 것을 좋아합니다. 잠을 자는 공간은 숙면을 취할 수 있는 조용한 환경에 마련하는 것이 좋고, 하루 중 가장 활기찬 시간을 보내게 되는 주방과 거실은 사람들에게 방해받지 않으면서 전망이 더 좋은 2층에 배치할 수 있기 때문입니다.

그녀가 처음으로 지은 연희동 주택이 외부와 단절된 공간이라면,
이화동 주택은 적절히 열려 있는 곳이다. 의자 두 개로도 비좁은 테라스지만
여기서 바라보는 하늘은 차고 넘치게 넓고 높다.

그 후의 이야기

낡고 협소한 주택을 쾌적하게 쉴 수 있는 공간으로 바꿔준 건축가에게 항상 고마운 마음이에요. 정말 작은 집이었는데, 건축가가 낸 아이디어 덕분에 주방과 거실, 침실을 넓게 쓸 수 있었어요. 그리고 프라이빗한 침실을 만들어줘서 바깥은 벽화마을에 놀러온 사람들의 소리로 시끌시끌한데도 집 안에서는 다른 세상에 온 것처럼 편안하게 쉴 수 있었어요. 아쉬운 점이 있다면, (하하) 계단이 많다는 거요. 계단 덕분에 집이 넓어졌지만, 자주 오르내리기에는 좀 불편하더라고요. 협소주택은 보통 대지가 좁아서 공간을 위로 확장할 수밖에 없는 수직적인 구조가 되는데요. 젊은 사람에게는 괜찮지만 어린 자녀가 있는 부부나 연로한 부모님을 모시고 사는 가족이라면 잘 생각해봐야 해요.

06

정릉동 집

정릉동 주택

회색 벽돌로 쌓아올린 벽이 인상적인 집

정릉터널
북한산보국문역
(서경대)

과거와 현재가 교차하며 변화하고 있는 동네, 성북구 정릉동

고층빌딩이 즐비한 강남보다는 도로의 끄트머리에서 산을 볼 수 있는 강북에서의 드라이브를 선호하는 편입니다. 다른 동네는 잘 모르거니와 예쁜 주택이 모여 있는 동네로 구경 가는 것이 취미 생활이라 청운동을 거쳐 부암동을 지나 평창동, 성북동으로 다니곤 합니다. 그때마다 인왕 스카이웨이, 북악 스카이웨이를 근처에 둔 이 동네들의 매력을 다시 한 번 실감하곤 하지요. 어느 날 평창동에서 성북동으로 넘어가는 길에 길을 잘못 들어 정릉동을 지나가게 되었습니다. 대개의 경우 내부순환로를 타고 지나치는 경우가 많았는데, 얼마 전에 만났던 인터뷰이가 본인이 눈여겨보고 있는 동네 중 한 곳으로 평창동, 성북동과 트라이앵글 지점을 잇는 정릉동을 추천한 적이 있어서 궁금증이 일었습니다. 정확한 목적지도 없이 무작정 정릉동 안으로 들어섰습니다. 분양과 임대 플래카드가 붙은 다세대 빌라, 한 사람이 지은 것처럼 동일한 양식으로 지어진 벽돌집들이 오래된 도심 특유의 정겨운 느낌을 주는 곳이었습니다. 정릉동은 북한산 산자락에 형성되어 구릉지가 많고, 복개천이 있는 등 지형이 꽤 복잡한 동네입니다. 최근에는 오래된 필지를 통합하면서 다가구나 원룸이 많이 생기고 있습니다. 이웃한 평창동에 고급스러운 주택이 많은 것과 달리 정릉동은 친근함을 풍기는 사뭇 다른 분위기였는데, 광화문 등의 도심까지 거리가 가까워 주택을 짓기 괜찮은 위치라는 생각이 들었습니다. 아마 10년쯤 뒤에는 그때 정릉동의 가치를 알아보고서도 실행에 옮기지 못한 자신을 자책하고 있을지도 모릅니다. 그래서 조만간 다시 한 번 가볼 생각입니다.

부모님과 함께, 그러나 따로 살 순 없을까?

요즘 젊은 세대들은 고충스러운 육아난에 허덕인다고 표현합니다. 아이 하나를 키우려면 어른 셋은 있어야 누구 하나는 쉴 수 있는데 전업주부는 혼자 도맡아야 해서, 맞벌이 주부는 퇴근하면 집이라는 어린이집으로 출근하는 셈이라 힘들다고 해요. 자아실현은 둘째치고, 맞벌이로 일해야 생활비에 허덕이지 않기 때문에 회사일도 육아도 뒷전으로 미룰 수밖에 없는 젊은 엄마들에게는 친정어머니의 도움이 필수입니다. 그래서 출산 이후 친정과 가까운 곳으로 이사를 고려하거나 부모님과 합가를 고민하게 됩니다. 부모님과의 합가나 혹은 가까이에서 살게 되는 경우에는 육아에 큰 도움을 받을 수 있을 뿐만 아니라 나이 든 부모님을 외롭지 않게 챙겨드릴 수 있어 한 번쯤 진지하게 고민하게 되는 주제입니다. 하지만 행동으로 옮기지 못하는 것은 바로 현실적인 문제 때문이죠. 서로의 다른 생활 패턴이 이미 확고한데, 살림을 하나로 합치는 과정에서 발생할 각종 이견 차이와 충돌이 두려운 탓이 큽니다. 그렇다면 부모님과 함께 그러나 따로 살 수는 없는 걸까요?

제가 생각한 방법은 대지를 공유하되 다른 집에서 거주하는 것입니다. 즉 같이 집을 짓지만 아예 다른 공간으로 분리하는 것이죠. 과거 제주도 민가에서 안거리와 밖거리를 분리하고 별도의 부엌과 장독대를 두어 생활했던 것처럼 따로 또 같이의 삶입니다. 삼간일목의 권현효 소장도 이렇게 말합니다. "이전에는 대가족 시대였기 때문에 자녀와 부모의 거리나 간격이 거의 없었지만, 지금은 무조건 붙어 있다고 좋은 게 아닙니다. 그건 요즘의 부모 세대에서도 마찬가지입니다. 자식 세대와 함께 살면서 사생활이 방해받는 것을

원치 않아요. 서로에게 너무 가깝지도, 멀지도 않은 간격. 좋은 간격이 필요하죠. 그 간격을 어떻게 설정하고 잘 가꿔나갈지가 중요합니다."

그가 제시하는 좋은 간격을 유지하는 방법은 선택적인 공유입니다. 부모와 자식의 삶이 각각 존재한다는 것을 인정하고 독립적인 생활을 영위할 수 있게 만든 다음 마당이나 옥상을 공유하는 거죠. 이때 중요한 것은 공간이나 동선을 적절하게 분리해 서로의 사생활 영역을 지켜주는 것입니다. 제주 민가처럼 두 채의 집에서 각자 생활할 수 있다면 가장 좋겠지만 도시주택은 지가가 비싸기 때문에 현실적으로 불가능합니다. 그리고 내부 공간을 공유하는 것도 애매합니다. 한쪽에서 문을 걸어 닫을 수 있다면 오히려 불필요한 오해를 낳을 수 있으니까요. 그렇기 때문에 땅콩주택처럼 수직적으로 분리하거나 층별로 나눠 수평적으로 분리해 짓는 방법이 있습니다. 정릉동 주택은 마당은 공유하면서 서로의 생활은 독립적으로 분리할 수 있게 계획한 집입니다. 연로하고 편찮으신 부모님은 1층을 사용하고, 젊은 부부는 2, 3층을 사용하도록 설계했습니다. 냉정한 이야기로 들리지만 부모님과 함께 집을 짓는다면 부모님의 사후도 고민하지 않을 수 없기 때문에 미래에 경제적인 가치로 전환하는 것도 고려해야 합니다. 정릉동 주택에서 이를 어떻게 풀어갔는지를 볼 수 있습니다.

오래된 동네의 주택은 땅을 손해보고 살 수도 있다

집을 매입하기 전에 꼭 살펴봐야 할 두 가지 자료, 건축물대장과 지적도에 대한 이야기를 해볼까 합니다. 건축물대장은 건물의 상황을 정확하고 상세하게 기재해 관리하는 서류로 인터넷으로 발급받거나 열람을 신청할 수 있습니다. 위치나 면적, 구조, 용도, 층수 등 건축물에 대한 사항과 건축물 소유자의 성명, 주소, 소유권 지분 등 소유자 현황에 관한 사항을 등록하여 관리하는 대장이지요. 그렇기 때문에 건축물을 매입하기 전에 건축물대장을 미리 발급받아 확인하는 경우가 많습니다. 인허가와 관련된 불법 사실이 없는지 확인하기 위해 꼭 필요한 절차입니다. 지적도는 토지의 소재지, 지목, 면적 및 개별 공시지가와 토지 경계 등을 볼 수 있는 자료입니다. 국토의 계획 및 이용에 관한 법률이나 다른 법령에 따른 제한 사항을 살피기 위해서는 꼭 체크해야 합니다. 지적도 등본은 민원 24시에서 무료 발급받을 수 있고, 토지이용규제정보서비스(luris.molit.go.kr)에서 무료로 열람할 수도 있습니다. 원하는 정보를 하나로 통합해서 볼 수 있기 때문에 무척 유용합니다.

그런데 오래된 도심의 주택을 구입하는 경우 건축물대장이나 지적도만 믿었다가는 낭패를 보는 경우가 발생합니다. 막상 측량을 해보면 지적도에 표시된 경계선과 다른 경우가 있기 때문입니다. 정릉동 주택이 바로 그런 사례로 50~60년 전에 지어진 구옥을 철거하고 신축하는 과정에서 토지를 측량해보니 옆집이 땅 일부를 침해하고 있다는 사실을 확인할 수 있었다고 합니다. 물론 옆집이 집을 다시 짓지 않는 한, 땅을 돌려받을 수 있는 방법은 없습니다. 정확하지 않았던 과거의 측량법을 탓할 수밖에요. 설계를 시작했다가 공사하면서 수정해야 하는 난감함과 번거로움을 피하기 위해서 설계 전에 미리 측량을 해보는 것이 좋습니다. 그리고 혹시 모를 미래에 옆집이 신축하게 된다면 땅도 돌려받아야 하고요.

연로하고 편찮으신 부모님을 모시고 함께 살 집을 짓기 위해 삼간일목의 권현효 소장을 찾아간 민순기·황명선 부부. 두 세대의 삶을 독립적으로 영위할 수 있으면서 일부 공간은 선택적으로 공유할 수 있도록 설계한 권현효 소장의 현실적인 솔루션과 남편 민순기 씨가 어린 시절 부모님과 함께 살았던 고향 집에서의 새로운 출발을 기념하는 건축가만의 방식이 인상적인 주택이다.

오래 살았던 부모님의 집에서 새롭게 출발하려고 합니다

차 한 대가 겨우 진입할 수 있는 좁고 어두운 골목길의 주택에서 민순기 씨는 어린 시절을 보냈다. 골목길을 따라 지어진 동일한 벽돌 양식의 단층 주택들은 좁은 골목길을 더욱 밀도 있게 만들고 있었고, 외벽이 담장 역할을 겸하던 붉은 벽돌집은 이 거리에서 50~60년에 가까운 세월의 변화를 목도해왔다. 잎이 무성하게 감나무가 자라던 작은 마당과 어머니가 많은 시간을 보낸 대청마루가 있는 집은 어느덧 수명을 다해가고 있었다. 민순기 씨는 연로한 부모님의 병환이 더욱 깊어지는 것을 지켜보면서 집으로 돌아와야겠다고 생각했다. 아버지를 요양병원에 모신 뒤 혼자 집을 지키는 어머니를 돌볼 사람이 필요했던 것이다. 민순기·황명선 부부가 어머니를 모시고 함께 살려면 공사가 불가피한 상황이었다. 부부는 일본의 주택 사례를 찾아보며 공간 활용의 중요성에 눈을 뜨게 되었고 그 과정 중 서촌에 있는 건축사무소에서 진행한 협소주택 설계안을 발견, 삼간일목을 찾아가게 된다.

설계노트

설계 전에 숙제를 내드리겠습니다

삼간일목의 권현효 소장은 설계 전, 건축주에게 숙제 아닌 숙제를 내주곤 한다. 부부의 일상은 어떤 패턴으로 흘러가는지, 부부가 살고 싶은 집은 어떤 모습인지 문서화해서 달라고 요청하는 것이다. 이는 건축주의 상황을 보다 면밀하게 파악하기 위해서다. 권 소장에 따르면 "건축주들은 집을 짓기 전 오만가지 많은 생각을 하게 되는데, 이를 글로 정리하다 보면 많은 것들이 빠지고 중요한 내용이 남는다"고 한다. 건축주는 형식에 얽매이지 않고 오롯이 자신이 원하는 삶을 자료로 만들면서 자신이 생각하는 최우선의 가치가 차선이었음을 깨닫게 되고, 건축가는 이를 통해 건축주가 진짜 원하는 것을 알아간다. 건축주의 단편적인 생각은 건축가의 사고와 해석을 거쳐 집의 뼈대로 드러나게 된다. 작고 사소한 출발이라도 그 사람에게 딱 맞는 옷을 만들어 입혀주는 것이 건축가의 일이다. 특히 권현효 소장은 주택 설계에서 '편안함'을 중요한 가치로 여기는데, 건축주에게 적합한 편안함을 주기 위해서는 가족의 관계, 공간의 관계, 외부와 내부의 관계를 살피는 것이 중요하다고 믿는다.

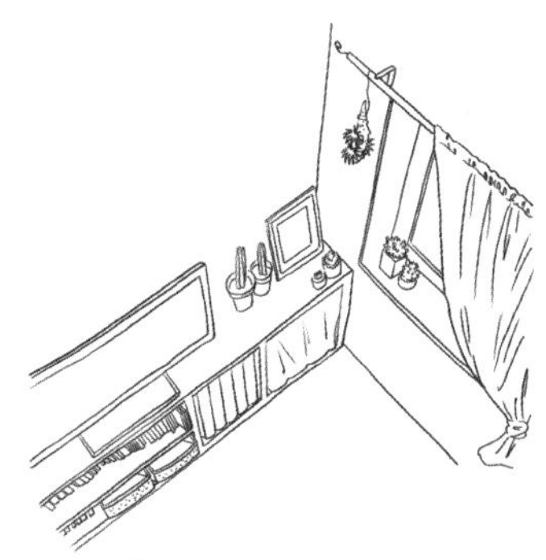

건축가가 의도를 가지고 비워둔
3층의 보이드 공간에서 내려다본 2층 거실.

어머니가 거주할 수 있는 독립된 집을 지어야 해요

민순기·황명선 부부가 원한 주택은 어머니와 함께 살 수 있는 집이었다. 이는 정릉동 주택 설계의 대전제가 되었다. 그 밖에 부부를 위해서는 미래에 아이가 생기면 아이 방으로 전환할 수 있는 공간이 필요했고, 단조롭지 않고 아무 데나 걸터앉을 수 있는 집, 취미 생활로 전자피아노를 치고 공예도 즐길 수 있는 카페처럼 예쁘고 실용적인 집을 원했다. 주택에서의 생활은 아파트와 달라서 주로 외부 공간인 마당과 옥상에서 할 수 있는 일을 꿈꾸기 마련이다. 시골 출신으로 전원주택에 대한 로망이 있던 아내 명선 씨는 화초를 키우거나 텃밭을 가꾸는 생활을 차근차근 꾸릴 생각이어서 작은 마당이나마 흙바닥을 남겨두기를 원했고, 전망이 좋은 옥상도 활용할 수 있기를 바랐다. 부부는 그렇게 낯선 타인인 권현효 소장에게 그들 삶의 민낯을 드러내면서 새로운 집을 꿈꾸기 시작했다.

아무 데나 걸터앉을 수 있도록
집 안 곳곳에 단차를 만들었고
그 안에 수납공간이 숨어 있다.

단조롭지 않은 주택을 원한 민순기·황명선 부부를 위해
건축가는 내부에 다양한 레벨을 시도해 편하게 걸터앉을 수 있도록 설계했다.

카페처럼 예쁘고 실용적인 집을 원했던 명선 씨가 특히 신경 써서 꾸민 주방.
공간이 좁은 만큼 답답해 보이지 않기 위해 상부장을 과감히 생략했다.

Kalita

설계노트

가용할 수 있는 면적을 최대한 활용해볼게요

권현효 소장은 약 38평(126㎡), 건폐율 60%의 주택에서 가용할 수 있는 모든 면적을 규모 있게 활용해야 하는 상황이었다. 부부가 원하는 내용을 종합해보니 어머니와 부부가 독립적으로 거주할 수 있는 두 채의 집과 두 대의 주차 공간, 작은 앞마당까지 확보해야 한다는 결론이 내려졌다. 협소한 대지와 빠듯한 예산, 비좁은 골목길 안에서의 공사까지 머리 아픈 문제들을 어떻게 합리적인 방법을 제시하며 풀어갈 것인가가 건축가의 숙제였다. 우선 건축주와 건축가는 설계 초기 단계에서 1층은 아픈 어머니가 사용하는 것으로 의견 합치를 보았다. 1층에는 어머니의 집을 짓고, 부부는 2, 3층을 사용하기로 했다. 부부의 집은 내부에 다양한 레벨을 시도함으로써 공간적으로 지루하지 않은 장소를 만들었다. 어머니의 집은 콤팩트한 구성이 돋보인다. 방 하나와 거실, 주방과 화장실이 딸린 약 7~8평(23~26㎡)의 집으로, 방문은 거실을 향해 열려 있어 공간을 더 크게 쓸 수 있다. 내부 계단을 내지 않고 들어가는 입구까지 완전히 독립적으로 구성한 것은 나중에 세를 주어 경제적인 가치로 전환할 수 있도록 하기 위해서다. 연로한 어머니를 위한 새 집은 작지만 부족함 없이, 따뜻하게 설계되었다.

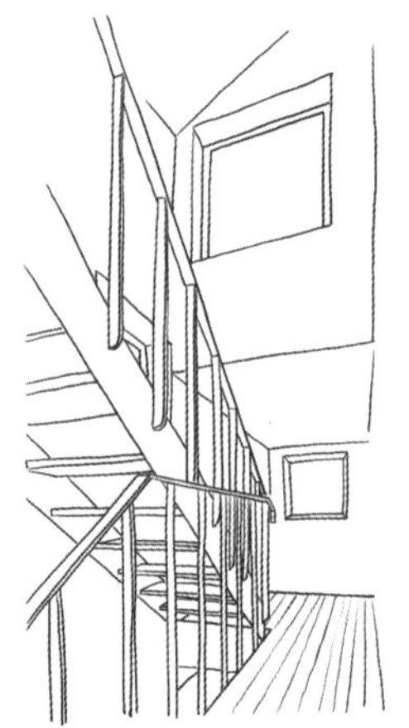

많은 창문을 통해 정릉동의 풍경을 액자처럼 바라볼 수 있다.

결로 없이 튼튼하고 밝은 집을 원해요

화이트 벽체의 정릉동 주택은 골목을 환히 밝히면서도 주변과 대조적인 흑백의 콘트라스트를 만들어낸다. 명선 씨는 남편에게는 익숙하지만 자신에게는 낯선 동네에 정을 붙이기 위해 모르는 골목길을 열심히 돌아다녔다. 앞서 언급했듯 정릉동 주택이 위치한 골목길은 메인 도로의 이면이라 낮임에도 불구하고 꽤나 어두운 편이다. 1900년대 중반에 급하게 지어진 붉은 벽돌집들은 창문도 찾아보기 힘들어 폐쇄적이고 답답한 느낌을 주었고, 이 벽돌집을 걷어내고 지은 골목길 한쪽의 다세대 빌라는 방치된 듯 낡고 촌스러운 외관이 골목길의 어두운 이미지를 더욱 강조하고 있었다. 부부는 멀리서도 환해보이는 집, 햇빛이 잘 드는 밝은 집을 원했다. 주택과 빌라가 밀집한 거리에서 어떻게 창을 내야 할지도 고민스러웠다.

설계노트

꼭 남향집을 고집할 필요는 없습니다

정릉동 주택에는 창문이 많다. 덕분에 집 내부도 환한 편이지만 더 장점이라고 하면 내부 계단의 전창과 측면의 띠창을 통해서 정릉동의 풍경을 액자처럼 바라볼 수 있다. 이는 권현효 소장의 도시주택에 대한 생각이 반영된 부분이다. "도시주택은 전체 풍경에서 하나의 조각이거든요. 건축주의 집이 풍경의 일부가 되기도 하지만 도시 풍경이 주택 안으로 들어올 수도 있죠. 둘 다 건축가가 어떻게 그려넣느냐에 따라 더 예뻐질 수도 또는 못생겨질 수도 있으니 항상 어렵고 고민스러운 일입니다. 이때 창호와 출입문의 위치는 프라이버시 침해가 되지 않는 범위에서 이루어져야 하죠." 사람들은 밝은 집이라고 하면 남향집을 떠올리는데, 이는 집을 고를 때 하나의 기준이 되는 경우도 있다. 하지만 채광에 대해서는 얼마든지 건축가와 상의할 수 있는 부분이라 빌라가 촘촘하게 지어진 동네의 남향집보다는 공원과 시장, 서점, 예쁜 카페 등 자신이 선호하는 편의시설이 가까이에 있는 동네를 고르고 나머지 채광 문제는 건축가와 풀어가는 것이 더 좋은 집에서 살 수 있는 방법이라고 믿는다. 채광이 좋지 않은 집이라면 실내에 중정*이나 보이드*를 만들어 집 내부로 빛을 끌어들이면 된다. 북쪽에 창을 내도 집은 밝다. 단, 북서풍 때문에 열이 손실되어 단열성이 떨어지니 이 부분을 보완할 필요가 있다.

***중정** 원래는 안채와 바깥채 사이의 작은 뜰을 중정이라고 하는데, 요즘은 건축물 내부에 자연광이 고루 닿을 수 있게 건물 중앙에 비워두는 공간을 말합니다.

***보이드** 건물 로비처럼 의도를 가지고 비워둔 공간을 보이드라고 합니다. 주택에서 쉽게 볼 수 있는 보이드 공간은 2층 바닥 없이 공간을 비워서 거실의 천장을 높이고 확 트인 공간으로 설계한 것을 말해요.

땅을 더 구입해야 한다고요?

민순기·황명선 씨의 주택은 지적도가 실제 측량한 자료와 일치하지 않아 어려움을 겪었다. 민순기 씨의 부모님이 마당처럼 쓰고 있던 대문 앞에 있는 길이 개인이 소유하고 있는 사도로 되어 있어 이 부분이 설계 당시에는 첨예한 이슈였다. 만약 도로로 인정받는다면 도로 사선제한(지금은 없어졌다)을 적용받기 때문에 작은 필지에서도 더욱 후퇴해 집을 지어야 하는 상황이었다. 또한 옆집이 필지의 일부를 침해하고 있음에도 신축하지 않는 한 돌려받기 힘든 상황에서 도로 사선제한까지 고려해야 한다면 설상가상 집이 더 좁아지게 된다는 뜻이었다. 다행히 소유주를 찾아 어렵게 매입했고, 도로는 지목을 변경해 사유지가 되어 면적을 손해 보지 않고 지을 수 있게 되었다.

설계노트

집의 상징적인 형태를 입면에 남겨 드릴게요

건축가에게 정릉동 주택의 출발은 건축주가 오래 살았던 고향집으로 돌아온다는 데 큰 의미가 있었다. 어린 시절을 보낸 집을 허문다는 것은 집과 함께 쌓아올린 추억과 기억이 사라질 수 있다는 것을 뜻했으므로 이 기억을 살려주고 싶었다. 권현효 소장은 민순기 씨의 기억 속에 남아 있는 박공지붕 모양의 고향집을 새로 지은 집의 입면에 회색 벽돌로 복원했다. 2층 주택으로 올라가는 외벽은 단열이 크게 중요하지 않았던 터라 예전에 있던 집의 스케일과 형태를 골목길에서 바라볼 수 있게 만들어준 것이다. 민순기 씨의 고향집은 사라졌지만 건축가의 사려 깊은 배려 덕분에 그 기억만큼은 현재의 집에 남아 2대, 3대를 걸쳐 추억할 수 있게 될 것이다.

정릉동 주택 세부정보

Information

가족 2명
규모 지상 3층
대지면적 127.9㎡
건축면적 55.08㎡
건폐율 43%(법정 60%)
연면적 124.06㎡
용적률 96.98%(법정 200%)
총 공사비용 1억9000만 원
총 공사기간 6개월(설계 7개월)
설계 삼간일목
(02-6338-3131, www.sgim.co.kr)

❶ 욕실
경사진 벽에 창을 내어 하루 종일 밝은 욕실. 무채색 계열의 타일을 시공해 모던한 분위기를 연출했다.

❷ 침실
아담한 침실 맞은편에는 벽으로 분리한 드레싱 룸이 있다. 덕분에 공간을 깔끔하게 사용할 수 있다.

❸ 다이닝 및 취미 공간
주방 옆에 마련한 취미 공간에는 재봉틀을 두었다. 커튼이나 쿠션 커버, 도시락 주머니 등을 만든다.

❹ 거실

2층에 위치한 거실은 3층에 설계한 보이드 공간 덕분에 천장 일부가 개방되어 공간감이 강조된다.

❺ 어머니의 집

빨간 대문을 열면 콤팩트하게 설계한 어머니의 집이 나타난다.

비슷한 듯 다른 다가구주택 vs 다세대주택

작가에게 묻다

도시주택에 자체적인 임대 수익이 생기면 관리나 운영 측면에서 경제적인 부담을 덜 수 있는데요. 이는 주택을 설계할 때부터 고민해야 하는 이슈입니다. 정릉동 주택은 어머니를 위한 집을 1층에 설계하면서 다가구주택으로 허가를 받았습니다. 추후에 임대할 수 있게 독립적인 공간으로 분리, 설계한 것인데요. 그렇다면 다가구주택과 다세대주택은 어떻게 다른 걸까요?

사전적인 의미로 두 주택의 차이를 살펴보면 다세대주택은 소유주가 한 명이 아닌 두 명이라는 점입니다. 이를테면 101호의 소유주 아무개 씨, 102호의 소유주 아무개 씨로 소유권을 분리해 등기를 냅니다. 보통 두 집이 함께 땅콩주택을 지을 때 다세대주택으로 허가를 받는데, 이는 집을 팔고 싶거나 이사해야 될 때 자유롭게 부동산을 거래할 수 있어 혹시 모를 법적인 분쟁이나 잡음을 미연에 방지할 수 있습니다. 다가구주택은 소유주가 한 명이지만 여러 세대가 모여 사는 형태를 말합니다. 건축물대장에도 몇 ㎡, 몇 가구 등의 정보만 간략하게 언급되어 있습니다.

그 밖에도 다세대주택과 다가구주택에 적용하는 법령이 조금 다릅니다. 다세대주택은 좀 더 까다로운 몇 가지 사항을 충족시켜야 하는데, 수도와 전기 등의 설비가 독립적으로 시공되어야 한다는 점이 가장 크죠. 집과 집 사이의 이격거리 역시 다세대주택에 더욱 까다롭게 적용됩니다. 다세대주택은 공공성이 강조되기 때문에 1m, 다가구주택은 0.5m면 충분합니다. 또한 다세대주택과 다가구주택은 여러 사람의 공공성과 안전을 보장하기 위해 규모에 상관없이 종합건설면허가 있는 시공사를 선정하게 되어 있습니다. 이전에 다가구주택이 건축주 직영으로 공사 발주를 낼 수 있었던 것에 비해 달라진 점입니다. 종합건설면허가 있는 시공사에 비용을 지불할 때는 순수 공사비 외에 10%의 부가세를 부담해야 한다는 점도 알아두면 좋겠습니다.

그 후의 이야기

집을 짓고 어느덧 2년 정도가 지났는데요. 집을 지을 때 로망이었던 텃밭 농사를 시작했어요. 작은 텃밭이지만 1년 농사로 어떤 농작물을 심을지 계획하고 땅을 정리하느라 주말마다 무척 분주합니다. 봄에 심은 채소와 과일은 여름에 수확해 주말마다 알차게 바비큐를 해 먹고 있어요. 마당에 잔디와 꽃, 나무도 심었는데요. 직접 만든 플랜트박스에 매실나무와 대추나무, 기둥사과 등 유실나무도 심었어요. 올해는 매화도 꽤 필 것 같아요. 주택은 이렇게 사계절을 그대로 즐기는 재미가 있어요. 그리고 밤늦게까지 옆집이나 아랫집 신경 쓰지 않고 무엇이든 편하게 할 수 있다는 게 좋아요. 살아보니 아쉽게 느껴지는 게 몇 가지 있는데요. 주차장 기둥이 조금만 더 뒤로 갔더라면 주차하기가 좀 더 편했을 텐데, 지금보다 큰 차를 사도 주차하기 쉬울 텐데… 하는 것들이에요. 예전보다 부지런해진 건 장점이고, 은근 바쁜 게 흠이라면 흠이죠. 자잘한 건 직접 고쳐 사용해야 하니 시간이 지날수록 집수리 스킬도 향상되고 있습니다.

07

화곡동 집

화곡동 주택

툇마루가 있는 골목 안의 목조 주택

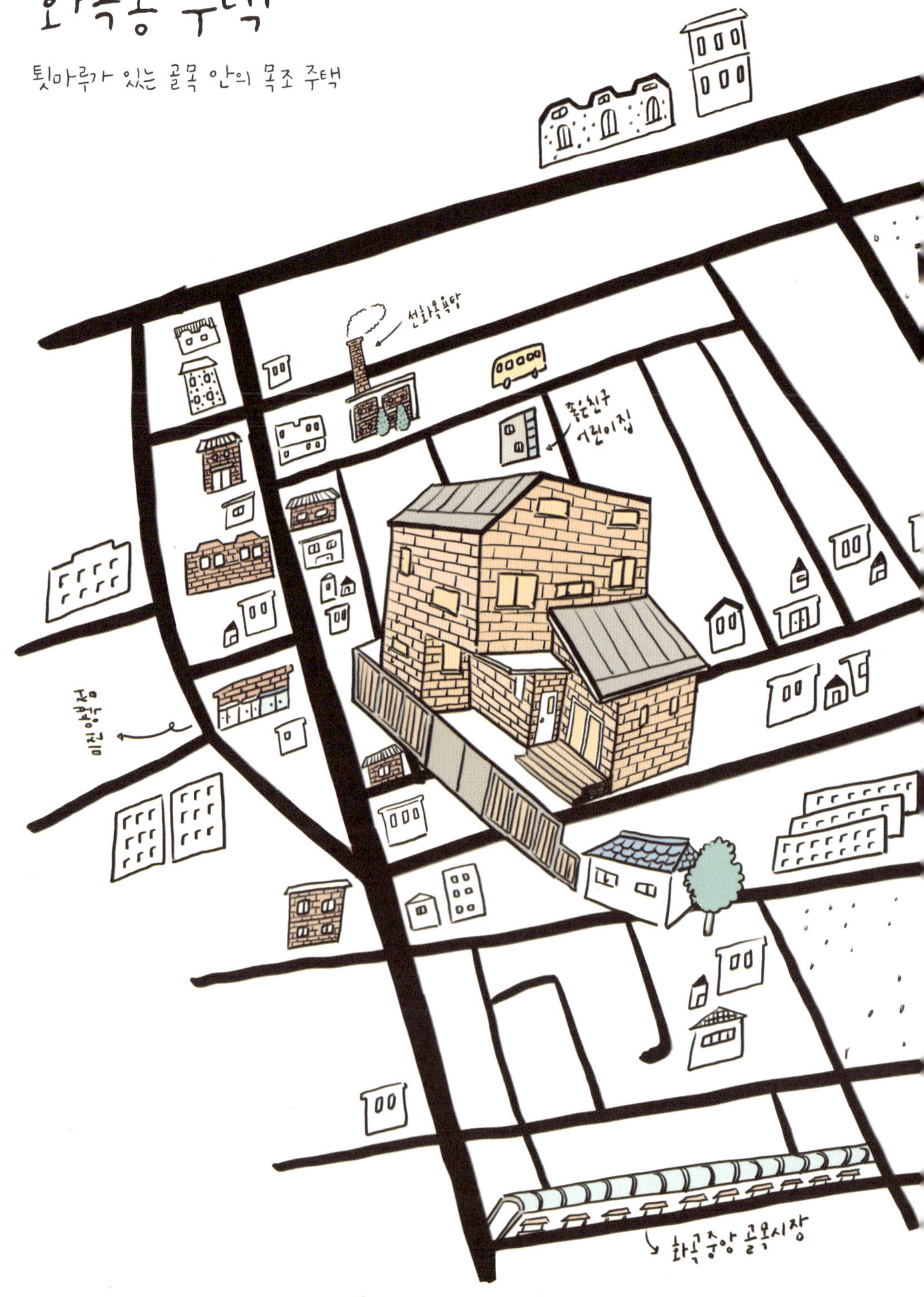

화곡역
5

©김용순

시간이 느리게 흐르는 구시가지 화곡동

화곡동은 서울의 서쪽, 강서구에 위치한 동네입니다. 서울 도심에서 가려면 강변북로나 올림픽대로를 타고 김포공항 방면으로 한참을 달려야 만날 수 있는 구시가지이지요. 최근 낙후된 김포공항을 중심으로 재개발이 한창인데, 그중에서도 마곡지구는 첨단 산업단지로 조성되고 있어 하루가 다르게 높은 빌딩숲으로 변화하고 있습니다. 연남동이나 망원동, 경리단길에 아기자기한 레스토랑이 생겨나면서 트렌디한 동네로 자리 잡은 개발 형태와는 다른, 정부와 대형 건설사 주도의 개발입니다. 아마 마곡지구에서는 젠트리피케이션 같은 사회 현상은 나타나지 않을 것이라 조심스럽게 예측해봅니다. 영국에서 유래된 단어인 젠트리피케이션은 낙후된 구도심에 특정 계층이 유입되면서 그 지역의 물리적인 환경을 변화시킨다는 의미인데, 물리적인 환경이 개선되는 대신 그로 인한 주거비용이 높아지면서 기존에 살던 원주민을 밀어낸다는 부정적인 뉘앙스를 지니고 있어요. 신사동 가로수길을 낭만적이고 매력적인 길로 만들었던 주인공인 작은 숍과 카페, 레스토랑이 SPA 브랜드와 프랜차이즈 커피숍의 입점 경쟁으로 월세가 올라 문을 닫거나 뒷길로 밀려난 것이 젠트리피케이션의 대표적 사례입니다.

다시 화곡동 이야기로 돌아가자면, 이웃 동네가 개발에 박차를 가하는 것과 달리 화곡동의 시간은 느리게 흘러갑니다. 화곡동 주택으로 가는 동안 넓고 깨끗한 도로의 풍경은 어느새 낡은 간판의 상가들이 오밀조밀 모여 있는 거리로 바뀌었습니다. 정겨운 안내판이 있는 떡집이며 세탁소를 지나니 비슷비슷하게 생긴 다세대주택가 사이로 대중목욕탕도 보입니다. 굴뚝이 있는 빨간 벽돌 건물의 대중목욕탕을 보니 젖은 머리에 목욕 바구니를 들고 요구르트를 먹으며 집으로 가곤 했던 어릴 적 주말 풍경이 그대로 소환되는 것 같습니다. 내비게이션이 차가 진입하지 못하는 좁은 골목길 앞에서 안내를 끝내면서 과거로의 타임슬립에 팔렸던 정신도 현실로 돌아왔습니다. 이 골목길 어딘가에 있을 주택을 찾는 일은 다행히도 쉬웠습니다. 파란 기와지붕의 단층집 뒤로 차분한 초콜릿색의 벽돌집이 보였거든요. 주변에 큰 위압감을 주는 모습은 아니면서도, 동네 골목길에서 가장 아름다운 집임은 분명했습니다.

동네 골목길을 아름답게 만드는 주택

많은 건축가와 디자이너에게 영감을 준 디자인 학교가 있습니다. 지금은 사라졌지만 전설로 남은 독일의 바우하우스가 바로 그곳으로, 더 놀라운 것은 세상에 존재한 시간이 겨우 14년에 불과하다는 사실이죠. 길지 않은 시간이지만 전 세계에 엄청난 영향을 끼칠 만큼 이 학교의 존재감은 강렬했습니다. 단지 아름다움에 천착하는 건축이 아닌 현대 산업과 기술이 근간이 되어 기능적인 아름다움을 추구하는 바우하우스 스타일은 20세기의 중요한 건축 사조 중 하나로 자리 잡게 되는데요. 이 책에 소개한 일곱 채의 집을 돌아보면서 협소한 땅의 한계를 극복해야 하는 도시주택이야말로 바우하우스가 추구했듯 '기능적이면서 아름다운 집'의 모습을 갖추어야 한다는 생각이 들었습니다.

노부모를 모시고 두 자매가 함께 사는 화곡동 주택은《도시주택산책》에서 만난 마지막 집입니다. 불필요한 요소를 배제하며 지어진 경제적인 선택의 집합체이니, 가장 현실적이고 기능적인 미니멀 하우스라고 할 수 있습니다. 건축가 김창균 소장은 평소 그가 추구하는 건축 철학이나 디테일을 이 주택에서만큼은 모두 실현하지 못했습니다. 대지의 위치, 크기, 공사비에 대한 제약 때문에 그동안 고집해왔던 디테일의 일부는 포기하면서 가족의 로망을 하나씩 실현시켜주었습니다.

그 이야기는 뒤에서 차근차근 하기로 하고, 주택을 지을 때 꼭 생각해보면 좋을 한 가지 화두를 짚고 넘어가려고 합니다. 골목 문화를 만드는 주택의 역할인데요. 김창균 소장은 서울에서 사라지고 있는 골목 문화를 안타깝게 생각합니다(이화동이나 창신동에서 부활한 골목 문화는 벽화를 만들어 방문객을 유도하는, 상업성을 띤 것이므로 성격이 조금 다르지요). 아파트 단지에 가로막혀 주변을 빙 둘러 가는 것이 아니라 그저 보행자들이 편하게 오갈 수 있는, 이웃끼리 이야기꽃도 피우고 서로의 안부를 물으며 겨울이면 눈을 치우는 골목길이 필요하다고 믿는 것이지요. 그런 생각을 가진 건축가와 오래 산 동네에 애착을 가진 건축주가 뜻을 모은 덕분에 화곡동 주택의 좁은 골목길은 폐쇄적인 벽으로 가로막힌 보통의 골목과는 다른 분위기를 지닙니다. 또 집을 한 발짝 뒤로 물러나 지었기 때문에 골목길이 더 넓어 보이는 효과를 줍니다. 건축적으로 새로운 시도가 돋보이거나, 건축상을 수상할 만큼 유려한 주택이 아니더라도 화곡동 주택처럼 소박하지만 아름다운 주택이 하나둘 늘어나 우리의 골목이, 우리의 도시 풍경이 더 아름다워지기를 바라봅니다.

벽돌집이 아닌 목조 주택

목조 주택이라고 하면 아마 열이면 아홉은 통나무집을 떠올릴 것입니다. 나무 뼈대에 통나무가 노출된 천장, 한때 통나무집으로 지은 펜션이 유행이었죠. 그런데 목조 주택이라고 해서 통나무집을 생각하면 곤란합니다. 벽돌을 쌓아서 마감한 화곡동 주택도 벽체와 지붕의 구조를 목재로 만들었거든요. 구조목을 약 40cm 간격으로 세운 다음 그 사이에 고밀도 단열재를 채워 벽체를 완성하는 방식입니다. 나무는 콘크리트나 시멘트에 비해 따뜻한 소재로 벽의 두께가 상대적으로 얇은 편이어서 콘크리트 주택에 비해 내부를 좀 더 넓게 쓸 수 있다는 것이 장점입니다. 최근에는 잦은 지진으로 인해 내진 설계에 대한 법규가 강화되었는데, 목구조는 철근콘크리트 구조나 조적조 구조에 비해 지진에 더 유연하게 대응할 수 있습니다. 실제로 일본이나 캐나다 등 지진이 잦은 지역에서 목조 주택을 선호하고 있음을 알 수 있습니다. 또한 목조 주택은 레미콘 차량이 들어가지 않는 좁은 골목길의 집을 지을 때 더 적합하고 공사비가 10%가량 저렴하므로 주택을 짓기 전 목조식으로 지을지, 철근콘크리트식으로 지을지 고민해볼 만한 부분입니다.

겨울이면 특히 추운 파란 기와지붕의 단층주택에서 살던 임수진 씨. 노부모를 위해 따뜻한 목조 주택을 짓기로 결심하고 유타건축의 김창균 소장을 찾았다. 차가 진입할 수 없는 좁은 골목길의 낡은 주택은 나무로 구조를 세우고 벽돌을 쌓아올린 근사한 주택으로 바뀌었고, 골목길은 조금 더 아름다워졌다.

아파트로 이사할까?
집을 허물고 다시 지을까?

임수진 씨 가족은 화곡동에 오래 살았다. 예전에는 골목길에 파란 기와를 얹은 단층 주택이 많았는데, 시차를 달리해 일부 주택이 재건축되면서 현재는 다세대 빌라와 이층 양옥, 단층 주택이 제각각 섞이게 됐다. 40여 년 전에 지어진 것으로 추측되는 단층 주택은 무엇보다 단열이 좋지 않아 웃풍이 심하고 겨울이면 무척 추웠는데, 임수진 씨는 부모님이 노년을 좀 더 따뜻하고 편하게 보내시기를 바랐기 때문에 아파트로 이사를 할지, 집을 재건축할지 결단이 필요한 상황이었다. 살고 있던 단층 주택은 부모님 소유의 집이라 대지를 매입할 필요 없이 설계비 및 공사비만 마련하면 되는 상황이었지만 얼마가 나올지 모르는 철거비가 부담이었고, 아파트로 이사하려면 집을 팔아서 일부 금액을 충당해야 했는데 알아보니 두 가지 경우의 총비용이 엇비슷해 결국 부모님이 익숙한 동네에 남기로 결정했다.

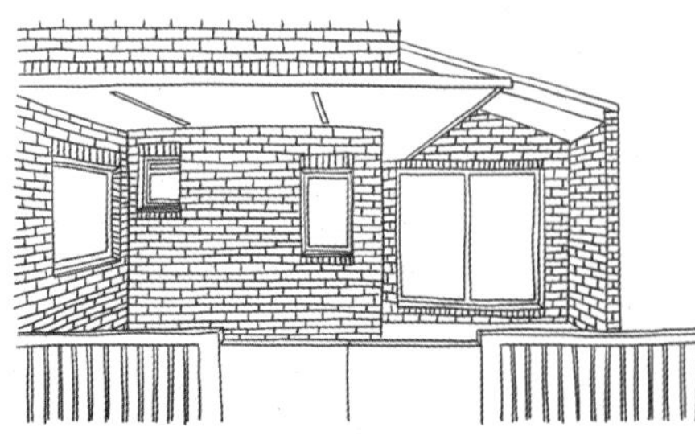

골목에서 한 발짝 물러나 지은 따뜻한 벽돌집.

설계노트

저 역시 나무로 뼈대를 세우는 목조식 주택이 좋겠습니다

유타건축의 김창균 소장을 만나기 전부터 임수진 씨는 목조 주택을 염두에 두고 있었다. 네이버의 인기 블로그인 '문팀장의 목조 주택'을 자주 들여다보면서 도움을 얻었는데, 건축가를 만나 이야기해보니 다행히도 김창균 소장 역시 건축주와 뜻이 맞았다. 김창균 소장이 보기에 화곡동 주택은 레미콘 차량이 진입하기 어려운 좁은 골목길의 중간에 있어 공사 과정에서의 난항이 예상되었거니와 건축주가 최우선으로 따뜻한 집을 원했고, 최대한 넓은 면적을 확보해야 하는 도시주택에서는 벽체가 얇은 목조 주택이 공간 활용면에서도 더 효율적이었기 때문이다. 김창균 소장은 단단한 북미산 나무로 구조목을 세우고 지붕과 2층 천장 사이에는 달걀판 모양의 방음 및 단열재를 넣어 습기나 결로가 생기지 않도록 했다.

가족들은 날이 따뜻해지면 작은 툇마루에 앉아서 종종 시간을 보낸다.

툇마루는 무조건 살려주세요

화곡동 주택은 가족 구성원마다 원하는 바가 각각 달라 모든 요구조건을 현실화하는 것이 건축가에게 주어진 가장 큰 미션이었다. 그중 하나가 노부부가 원하는 툇마루*를 만드는 것이었다. 원래의 화곡동 주택에는 볕이 잘 드는 마당이 있었고 이 마당에는 나무 한 그루가 자라고 있어서 노부부는 햇살이 따사롭게 비추는 대낮이면 작은 툇마루에 앉아서 종종 시간을 보냈는데, 새로 집을 지을 때에도 이 툇마루만큼은 꼭 고수하고 싶었던 터였다.

설계노트

주택에서 툇마루나 마당 같은 완충 공간은 꼭 필요합니다

김창균 소장은 과거 전통 주택에 있던 대청이나 툇마루처럼, 시시각각 변화하는 사계절을 누릴 수 있으며 외부와 연결되는 완충 공간이 삶의 질을 높여준다고 생각한다. 그래서 설계하는 집집마다 대청과 툇마루 역할을 하는 공간을 만들어주고자 노력해왔다. 그렇기 때문에 화곡동 주택의 노부부가 툇마루 이야기를 꺼냈을 때 오히려 반가웠다. 낮은 담장 안쪽으로 툇마루 공간을 마련하면서 집은 골목길에서 한참 후퇴해 지을 수밖에 없었지만 햇살은 더 깊이 들어오게 되었고 시선이 머무는 곳이 여유로워진 덕분에 골목길도 더 넓어 보인다. 김창균 소장이 확신하는 것처럼 화곡동 주택 역시 비우는 순간, 공간에 깊이가 생겼다.

*__툇마루__ 목조 건축물의 툇간에 놓인 마루로 온돌방 앞에 좁고 길게 난 경우가 많아요.

거실 창은 툇마루로 연결된다. 창을 열면 이웃집이 바로 보이는데, 이는 골목 안에 위치한 집의 숙명 같은 것이다.

한옥의 방과 대청처럼 슬라이딩 도어를 열면
공간이 넓게 확장되는 어머니의 방.

어머니가
환한 주방을 원해요

임수진 씨 자매는 어머니가 원하는 것은 무엇이든 다 해주고 싶은 마음이 강했다. 노년의 나이에도 깔끔하고 야무진 솜씨로 집안 살림을 책임지는 어머니는 밝은 주방을 원했고, 부부가 독립적으로 시간을 보낼 수 있는 공간을 원했다. 즉 1층에는 환한 주방과 거실, 노부부가 사용할 방이 두 개가 필요하다는 결론.

설계노트

주방에 천창을 내드릴게요

화곡동 주택의 대지는 약 34평(112㎡)가량이고, 60%의 건폐율을 고려하면 1층 면적은 최대 약 20평(67㎡)까지 활용할 수 있었다. 거실 앞에 툇마루 공간도 필요했고 노부부에게 필요한 방을 하나씩 마련하려니 거실이 작아질 수밖에 없었는데, 김창균 소장은 한옥의 대청처럼 문을 열면 공간이 확장될 수 있도록 어머니 방에 슬라이딩 미닫이 도어를 설치해 독립적이면서 필요에 따라 개방적으로 넓게 쓸 수 있도록 설계했다. 그리고 집의 가장 안쪽에 위치해 채광이 부족한 주방에는 좁은 일자형 천창을 냈다. 충분한 빛을 유입하기 위해 2층에 작은 테라스를 만든 다음 간접광이 주방을 밝힐 수 있도록 한 점이 인상적이다.

자매가 쓰는 2층 공간. 계단을 올라가면 작은 다락방으로 이어진다.

저희 자매가 쓸 2층에는 다락방이 있었으면 해요

노부모의 생활과 편의를 가장 중요하게 생각한 임수진 씨 자매가 그녀들을 위해 원한 것은 딱 한 가지, 바로 다락방이었다. 김창균 소장에 따르면 다락방은 건축 연면적에 포함되지 않아 건축주들이 꼭 활용하고 싶어 하는 공간의 형태다. 다락방의 높이는 평균 1.8m를 넘을 수 없고 이는 천장 마감선을 기준으로 하는 것이 아니라 지붕 외곽선 기준이어서 지붕 두께인 300mm를 빼면 실제로는 1.5m에 불과하지만 배를 깔고 누워서 책을 읽을 수 있는 아늑한 아지트이자 보물 같은 공간이 덤으로 생기는 셈이니 건축가로서도 신경 써서 설계하게 되는 공간이다. 김창균 소장은 자매의 방뿐만 아니라 2층 가족실에서 계단을 통해 올라갈 수 있는 다락방까지 추가로 만들어주었다.

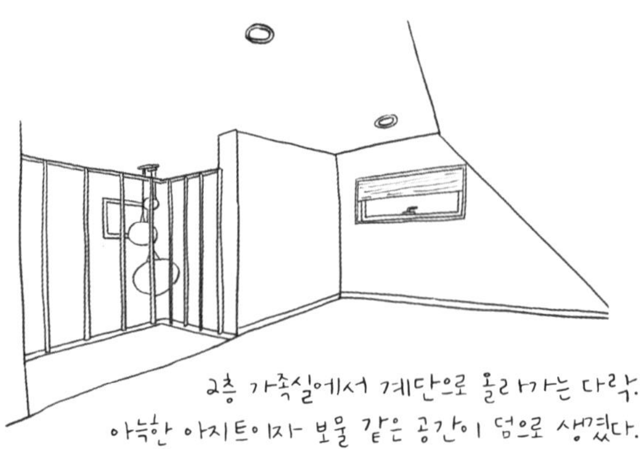

2층 가족실에서 계단으로 올라가는 다락.
아늑한 아지트이자 보물 같은 공간이 덤으로 생겼다.

설계노트

현관 위치만 틀어서 내겠습니다

김창균 소장이 주택을 설계할 때 꼭 염두에 두는 세 가지 포인트가 있다. 현관을 열고 들어섰을 때 거실이 바로 보이는 것보다 햇살이 비추는지, 비가 내리는지 외부 상황을 알 수 있도록 창문을 내는 것이다. 그리고 집 내부는 전통 한옥처럼 거실을 작게 쪼개 짓는 대신 확장할 수 있게 하고, 공간마다 단차를 두어 언제든지 걸터앉을 수 있게 하는 것이다. 마치 골목길을 걷는 것처럼 집 안을 걸을 수 있고 가족이 어디서든 얼굴을 보며 소통할 수 있게 하려는 의도다. 그러나 이 두 가지 포인트를 화곡동 주택에서는 실현할 수가 없었다. 빌라와 주택이 밀집한 골목에 위치한 대지 특성상 현관에서 이어지는 공간에 창문을 내기가 어려웠고, 노부부가 주택을 편리하게 관리하려면 단차가 없는 편이 더 나았기 때문이다. 두 가지를 포기한 대신 현관을 주택 측면에 틀어서 내는 것만큼은 고수했는데, 이는 현관에서 바로 거실이 보이지 않아 프라이버시를 보호하는 역할을 해준다.

화곡동 주택 세부정보

Information

가족 4명
규모 지상 2층
대지 112㎡
건축면적 65.66㎡
건폐율 59%(법정 60%)
연면적 99.84㎡
용적율 89%(법정 250%)
총 공사비용 2억 원
총 공사기간 5개월
설계 유타건축
(02-556-6903, www.utaa.co.kr)

❶ 다용도실

주방에서 1층 마당으로 연결되는 문. 주방과 문 사이에는 팬트리 공간으로 사용할 수 있는 다용도실이 있다.

침실

3

1

2

주방

❷ 아버지의 방

연로하신 아버지의 방. 각자 독립적인 공간을 사용하기 바란 어머니와 아버지의 뜻대로 공간을 분리했다. 아버지의 방에는 벽처럼 보이는 수납공간이 있다.

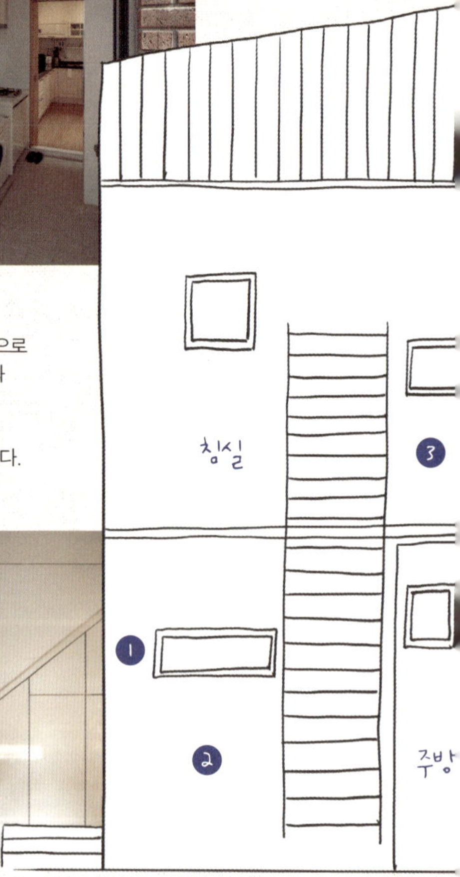

❸ 2층 가족실과 화장실

두 자매가 컴퓨터를 하거나 일할 수 있도록 바 형태의 긴 테이블을 놓은 2층 가족실. 화장실은 민트 컬러의 타일로 마감했다.

❹ 실내 테라스

실내 테라스는 세탁물을 건조하는 공간으로도 쓰이며, 바닥에 낸 세 개의 창을 통해 주방으로 빛이 쏟아진다.

강화된
내진 설계
그리고 목조주택

작가에게 묻다

잇따른 지진으로 불안감이 증폭되고 있는 요즘입니다. '한반도는 더 이상 지진 안전지대가 아니다'라는 우려가 현실화되면서 내진 설계에 관심이 높아지고 있는데요. 이제 쾌적한 집만큼이나 안전한 집에 대해 고민할 때입니다. 건축가들에게는 단열 성능 개선뿐만 아니라 안전한 내진 설계가 중요한 숙제가 되었는데요. 국토교통부는 재난 및 재해에 대비하기 위한 건축법시행령 개정안(2017년 5월)을 발표했어요. 신축하거나 재건축 또는 증개축하는 건축물의 구조상 안전을 확인하겠다는 내용이 주요 골자로, 단독주택이나 공동주택은 층수와 연면적에 상관없이 구조 안전 및 내진 설계 확인서를 작성해 허가권자에게 제출해야 합니다.

건축법시행령 32조에 따르면 2층 이상의 건축물, 연면적 200㎡의 일반 건축물은 모두 적용받게 되며 목구조 건축물의 경우 3층 이상의 건축물, 연면적 500㎡ 이상의 공간에 적용받습니다. 이 조항 해석을 두고 아직도 의견이 분분하지만, 집을 지을 계획이 있는 예비 건축주가 알아둘 것은 이제 내진 설계가 의무화되었다는 것입니다. 최근 발생했던 지진에서 작은 단독주택에 거주하는 사람들의 피해가 컸기 때문에 아예 별도의 조항으로 단독주택 및 공동주택이 구조 안전을 받을 수 있게 시행령을 개정한 것으로 보여요.

그렇다면 일반 건축물과 목구조 건축물은 왜 다른 기준을 적용받을까요? 지진이 잦은 일본에서 목구조 주택을 쉽게 찾아볼 수 있는 이유는 무엇일까요? 바로 다른 구조에 비해 상대적으로 안전하기 때문입니다. 콘크리트 재료 자체는 굳힌 찰흙 같아서 휘어지지 않아 내진에 불리하고, 벽돌을 쌓은 조적조 구조는 외부 충격 시 벽돌이 무너지거나 깨지는 등 큰 피해가 발생할 수 있으므로 내진 보강을 꼭 해야 합니다. 그에 비해 간격을 두고 기둥을 세우는 목구조는 다른 구조보다 균형이 좋아서 상대적으로 안전합니다. 견고하게 짓는 것보다 '안 넘어지게' 짓는 데 초점을 두고 있는 내진 설계에 더 유리하지요. 뿐만 아니라 목조 주택은 숨을 쉬는 재료인 나무로 짓기 때문에 단열이 뛰어나고, 습도 조절 능력이 좋으며 환경 친화적이라는 장점도 있습니다.

그 후의 이야기

집을 짓는 내내 이웃 주민과 골목을 지나는 분들이 큰 관심을 보내주셨어요. 예쁜 색의 나무로 어떤 건축물을 짓느냐고 궁금해하는 분들이 많았고, 일반 주택이라고 생각하지 못하는 분들도 계셨습니다. 이웃 주민들은 좁은 골목이 공사장으로 바뀌어 여러모로 불편했을 텐데 민원을 제기하지 않고 오히려 목조 주택이 지어지는 과정을 보는 것이 생소하고 신기하다고 찬사(?)를 보내주어서 철거부터 완공까지 5개월이 순식간에 지나갔습니다. 주택에 살 수 있어서 좋은 점은 우리 가족이 각자 바라는 공간을 갖게 되었다는 건데요. 건축가와 논의하면서 하나의 설계안을 고르고, 추가로 원하는 부분에 대해 서로의 의견을 내는 일은 행복한 고민이었습니다. 지나고 보니 따듯한 목조 주택으로 짓기를 잘했어요. 그리고 설계를 잘해주신 덕분에 햇빛이 가득한 밝은 집에 살 수 있어서 만족스러워요.

PHANTOM

도시주택산책

초판 1쇄 2018년 4월 2일

지은이 | 정수윤

발행인 | 이상언
제작총괄 | 이정아
편집장 | 손혜린

진행 | 김기남
사진 | 심윤석(STUDIO SIM)
어시스트 방성혁, 이해리
일러스트 | 렐리시
디자인 | 김미소, 최수정

발행처 | 중앙일보플러스(주)
주소 | (04517) 서울시 중구 통일로 92 에이스타워 4층
등록 | 2008년 1월 25일 제2014-000178호
판매 | 1588-0950
제작 | (02) 6416-3934
홈페이지 | www.joongangbooks.co.kr
페이스북 | www.facebook.com/hellojbooks
인스타그램 | www.instagram.com/j__books

ISBN 978-89-278-0929-6 (13610)

중앙북스는 중앙일보플러스(주)의 단행본 출판 브랜드입니다.